로고스
고전학교

2

고전 읽는 가족

λόγος

로고스
고전학교

2

전병국 지음

고전
읽는
가족

세상의 모든 지식에 도전하는
가족 학교 이야기

"아버지와 아들이

스승과 제자가 된다면

또한 즐거운 일이 아니겠느냐?"

-정약용

이상한 학교를 소개합니다

우리 학교는 작은 학교다. 학생은 4명. 어른 학생 2명, 청소년 학생 2명. 아, 그리고 강아지 학생이 1명 더 있다. 아주 산만한 학생이지만 없어서는 안 될 친구다. 쉬는 시간에 모두를 즐겁게 해주는 오락 담당이다. 어른 학생들은 편의상 대외적으로 교사의 직함을 가졌지만 사실은 학생이다.

우리 학교는 선생님이 많다. 학생보다 훨씬 많다. 교사 1인당 학생 수에서 세계 최고다. 대충 헤아려도 100명이 넘는다. 교사진도 최고다. 국내외 석학들이 즐비하다. 교사들 대부분 연륜이 깊다. 가장 나이 많은 교사는 2000세가 넘는다. 소크라테스와 공자 선생님이다.

우리 학교는 낡은 교과서를 쓴다. 책은 대부분 밋밋한 흑백이고 도표나 그림도 많지 않다. 수학은 유클리드가 쓴 『기하학 원론』으로 배운다. 사회는 루소의 『사회계약론』, 한문은 『논어』로 공부한다. 국어 공부로 『백범일지』와 『하늘과 바람과 별과 시』를 읽고, 영어로 『어린왕자』를 본다. 윤리와 사상은 플라톤의 『국가』로 공부한다.

6년의 시간. 또래 친구들이 중고등학교에서 치열하게 공부하는 동안 우리 청소년 학생들은 100권의 책을 치열하게 읽었다. 어느 삶이 더 나은 것은 아니다. 삶은 각자에게 주어진 길이니까. 하지만 다른 삶이었던 것만큼은 분명하다.

우리 학교는 아침 8시에 수업을 시작한다. 가끔은 잠옷 차림에 머리를 산발한 채로 모일 때도 있다. 수업은 12시 30분에 끝난다. 이야기가 길어지면 점심식사가 늦어지기 일쑤지만 그래도 1시를 넘기지 않으려 애쓴다. 배고프니까. 오후는 각자의 공부와 일이다. 일하고 살림하는 어른 학생들은 밤 늦게까지 땀흘릴 때가 많다. 물론 최근에는 오전 수업을 안 하거나 최소한만 할 때도 있다. 바쁜 일이 있기도 하고, 몇 년의 세월이 쌓이면서 각자 공부하는 시간이 늘어났기 때문이다. 사실 그냥 수업을 빼먹는 날도 있다. 어떤 날은 늦잠을 자느라 어떤 날은 기분이 꿀꿀해서 파주 헤이리 마을에 가느라 빼먹는다. 때로 얼렁뚱땅 엉성한 날도 있지만 뭐 어떤가? 그것이 자유의 다른 얼굴인 것을.

우리는 그 어디에 있든 늘 학교에 있다. 등교하고 귀가하는 것이 아니다. 기숙사에 있는 거냐고? 천만에. 우리는 집에서 공부한다. 그럼 집이 학교냐고? 사실 그것도 아니다. 우리가, 학교다. 집이든 거리든 교실이든 전혀 중요하지 않다. 우리가 학교다. 인생이 학교다.

너무 작아서 외롭겠다고? 그렇지 않다. 우리는 매주 더 큰 학교를 연다. 각자 개성있게 살고 있지만 큰 뜻을 같이 하는 여러 친구들이 모여서 고전을 읽고 인생을 공부한다. 『맹자』를 원문으로 읽으며 씨름하기도 하고, 편을 나누어 역사 문제로 토론을 벌이기도 한다. 클래식 앙상블에 참여해서 공연을 하고 봉사도 한다. 큰 학교 속의 작은 학교, 러시아 인형 같은 우리는, 이상한 학교다.

　중고등학교 6년이 지나듯이 우리 학교도 6년이 지났다. 우리는 졸업식이 없고, 또한 6년으로 공부가 끝난다고 생각하지도 않는다. 대학이 청소년의 최종 목표라는 생각 따위는 더더욱 없다. 하지만 6년의 시간을 기록하는 것은 의미가 있다. 어제를 알아야 내일을 꿈꿀 수 있다. 이제 이 특별하고 이상한 학교 이야기를 시작하려고 한다. 교사이며 학생으로 사는 한 사람이 모두를 대표하여 써내려간다.

차례

| 서문 | 이상한 학교를 소개합니다 ··7

1 · 막다른 골목에 서다 ─────────────────── 13

2 · 가족이 함께 강을 건너 ───────────────── 21

　　강을 건너는 사람들 ··23

3 · 인류의 고전을 읽으며 ───────────────── 37

　　250년을 달려온 열차 ··39 | 세상의 모든 커리큘럼 ··48 | 옛적길을 따라서
　　··52 | 세상에서 가장 위험한 책 ··57 | 인문학의 재발견 ··68 | 역사를 따
　　라가는 공부 ··81 | 로고스 고전학교, 촛불을 켜다 ··92

4 · 식탁에 둘러앉아 99

어색한 식탁 ··101 | 공자의 식탁 ··106 | 루터의 식탁 ··117 | 고전 읽기
워밍업 ··127 | 위대한 시간표 ··135

5 · 진리와 자유를 실험하고 145

더 큰 학교를 열다 ··147 | 6년간의 진리실험 ··160 | 그래서 학비는? ··
172 | 그래서 대학은? ··180

6 · 사랑과 선행을 격려하며 193

웃고 있는 사진을 찍기까지 ··195 | 실패를 통해 배운 것들 ··208 | 아이들
은 떠난다 ··220 | 그들은 함께 바다를 건넜다 ··240 | 고전 읽는 가족의 꿈
··256

1

막다른
골목에
서다

미친 짓이었다. 지금 다시 생각해도, 미친 짓이었다. 학교에 잘 다니던 아이들을, 그것도 대한민국 인생살이에서 제일 중요하다는 청소년기에, 학교에서 나오게 했으니 분명히 그랬다.

양가 부모님들은 난리가 났다. 이해할 수 있었다. 학교에 가려고 산 넘고 물 건너 십리길 마다 않고 다닌 분들이다. 손주들이 학교를 그만둔다니 청천벽력일 수밖에. 가족들이 그 정도였으니 지인들의 반응은 더 말할 필요도 없었다.

물론 역사를 바꾼 사람들은 미친 사람들이었다. 서기 60년경 사슬에 묶인 채 자신을 변론하던 바울에게 유대 총독이 외쳤다.

"네가 미쳤구나. 공부를 많이 하더니 네가 미쳤구나"

바울은 죄수의 몸이었지만 결국 바라던 대로 로마제국의 심장부로 들어갔다. 역사를 바꾸었다. 하지만 미친 사람들이 모두 역사를 바꾼 사람들은 아니었다. 감히 우리에게 적용할 말도 아니었다. 우리는 그런 거창한 결단으로 거창한 여정을 시작한 게 아니었다. 다만 절박했다. 가족이 무너지고 있었다. 방향 없이 끌려다니고 있었다. 목이 말랐다. 지금 여기에는 답이 없었다. 떠나야 했다. 어딘가에, 보다 확실한 것에 미쳐야 했다. 모험은 그렇게 시작되었다.

겉으로 보기에 우리 집은 멀쩡했다. 나름 행복했고 큰 문제도 없었다. 두 아이는 학교에 잘 다녔다. 학교 공부를 곧잘 했고 친구들과도 잘 지냈다. 우리 부부도 그랬다. 밖에서 활발했고 제 역할에 나름 충실했다. 인생살이 통증이야 있었지만 겉은 멀쩡해 보였다.

문제는 그 '통증'이었다. 어느 날 질문이 찾아왔다. 성장통일까, 아니면 큰 병의 전조일까? 이미 깊어져 나오는 증상은 아닐까?

아이들의 가슴이 굳어가고 있었다. 부모가 전해주는 옛사람들의 지혜를 스펀지처럼 받아들이던 시절이 막을 내리고 있었다. 차갑고 딱딱해지는 방어막 뒤로 아이들의 마음에 달려드는 것들이 보였다. 욕망의 문화, 돈의 환상, 과대포장된 대학의 가치와 강요, 생각 없는 공부, 판단 없는 열심, 이웃이 빠진 성공 신화 같은 것들이 스며들고 있었다. 영원한 가치를 지닌 것들이 아니었다.

무언가 말을 꺼내려 하면 우리를 에워싼 거대한 시스템이 신호를 보냈다. 각자의 영역이 솟아오르며 서로를 밀어냈다. 아빠는 아빠

일이나 잘하고, 엄마는 엄마 일이나 잘하고, 학생은 학교 공부나 잘하라고 내몰았다. 쿵쿵 소리를 내며 통로들이 닫히기 시작했다. 두려웠다. 부모의 소외됨이 두려운 게 아니었다. 성장이 두렵고 통제가 그리운 게 아니었다. 변해가는 방향이 문제였다. 가족이 함께할 시간과 공간이 철저하게 줄어들고 있었다. 불변의 지혜를 나눌 자리가 사라지고 있었다. 언젠가 아이들을 떠나보낼 날이 있음을 잘 알지만 이런 식은 아니었다.

주위를 둘러보았다. 많은 집이 크고 작은 병을 앓고 있었다. 집은 엘리베이터였다. 밖에서 그리 재잘대던 사람들이 문을 열고 들어서면 침묵한다. 아주 가까이 선다. 어색한 위치 어색한 숨소리 어색한 시선. 팔이 스친다. 얼른 몸을 뺀다. 계기판을 본다. 층수가 변한다. 내릴 때만 기다린다. 문이 열린다. 제 길로 간다. 재잘대기 시작한다.

아빠는 돈벌이에 바쁘고 엄마는 자녀(진학)교육에 바쁘고 아이들은 정해진 공부에 바쁘다. 뭔가에 합격해야 잠시 안도한다. 대학가고 취업하고 결혼하고 늙어간다. 아빠 엄마는 떠난다. 어른이 된 아이들은 부모의 과업을 반복한다. 대한민국의 일상이다.

아빠는 인생에서 배운 가치들을 전해주지 못하고 돈만 전해준다. 엄마는 사랑하지 못하고 다그친다. 절대선(絶對善)은 대학 합격뿐이다. 부부는 그 과업을 위해 동거할 뿐이다. 필요하면 기러기가 되어 부부는 찢어진다. 아이들의 생각은 엉뚱한 것들이 지배한다. 학교는 모든 것을 가르치겠다며 아이들을 데려가 놓고 아무것도 가르치지 못한다. 교육은 학원이 대신하고 학원은 요령만 가르친다. 무엇이

학교는 모든 것을 가르치겠다며 아이들을 데려
가 놓고 아무것도 가르치지 못한다. 교육은 학원
이 대신하고 학원은 요령만 가르친다. 무엇이 옳
은지 아무도 가르치지 않는다. 희미한 목마름 덕
에 『정의란 무엇인가』가 수백만 부 팔렸지만 그
마저 책장에 전시되고 논술시험 대비 자료로 요
약될 뿐이다. 대한민국의 실상이다.

옳은지 아무도 가르치지 않는다. 희미한 목마름 덕에 『정의란 무엇인가』가 수백만 부 팔렸지만 그마저 책장에 전시되고 논술시험 대비 자료로 요약될 뿐이다. 대한민국의 실상이다.

한국형 인문학은 별로 어렵지 않다. 플라톤의 『국가』를 다 읽을 필요가 전혀 없다. 1권 중간에서 "정의는 강자의 유익일 뿐"이라는 트라시마코스의 일장연설에 100% 동감한 후에 나머지는 요약본으로 읽고 논술시험을 준비하면 된다. 아, 필수 암기사항. 기게스의 반지, 동굴의 비유, 이상국가의 세 가지 계급.

모두 '공부'에 미쳐 있다. 도대체 공부가 뭔가? 뭘 공부하는가? 왜 공부하는가? 공부해서 뭘 어쩌겠다는 것인가?

[공부] (명사) 대학 가는 기술. 할 수 없이 하는 것의 대명사. 자유의 반대말. 친구를 이기는 것. 부모가 자녀에게 시키는 것. 모든 좋은 것을 포기하는 것. 모든 의무에서 빠질 수 있는 면죄부. 영원한 낙오자의 갈림길. 학교보다 학원에서 더 잘 배울 수 있는 것. 대학 들어가면 끝나는 것, 취업하면 끝나는 것, 승진하면 끝나는 것. 제발 좀 끝났으면 하는 지겨운 것.

국문학자 양주동은 까까머리 중학생이던 어느 날 기하학의 위력에 깜짝 놀라면서 이렇게 말했다.

"망국의 슬픔을 당한 내 조국! 오냐, 신학문을 배우리라. 나라를 찾으리라. 나는 그 날 밤을 하얗게 새웠다."

요즘 어디서도 이런 말을 하며 공부를 즐거워하고 공부에 매달리는 청소년을 본 적이 없다.

미쳤다. 누가 미친 것일까? 열차에서 내리는 사람이 미친 사람일까? 내리지 않으려는 사람이 미친 사람일까? 어떻든 내리지 않고는 견딜 수 없었다. @

2

가족이
함께
강을 건너

강을
건너는
사람들

1899년 2월이었다. 한 무리의 사람들이 두만강을 건넜다. 141명. 모두 가족이었다. 네 개의 가문에 속한 스물 두 가정의 사람들. 백발 할아버지에서 엄마 품에 안긴 아이까지. 가족들은 무너져가는 조국, 저물어가는 시대를 뒤로하고 간도(間島)에 도착했다. '사이의 섬'(間島)이라는 지명처럼 조선도 아니요 중국도 아닌 땅은 그들의 결단과 운명을 말해주고 있었다. 그들은 마을을 세우고 '명동(明東)'이라 불렀다. '동쪽을 밝힌다.' 어두운 조국 땅에 새 아침이 오기를 바라는 마음이었다. 그날을 위해 모든 것을 바치겠다는 뜻이기도 했다.

그들은 무엇보다 공부에 목숨을 걸었다. 출세 공부 따위가 아니었다. 나라를 살리는 공부, 나라를 깨우는 인재 양성이 우선이었다. 돈 버는 일보다 공부가 먼저였다. 각자의 땅을 나누기 전에 교육을 지원할 공동의 땅을 먼저 떼놓았다. 서당을 세웠다. 서당은 훗날 명동학교로 발전했다. 아이들은 산과 들을 누비며 문학을 말하고 독립을 꿈꾸었다. 시대의 등불이 되었다. 윤동주, 송몽규, 문익환, 나운규가 그렇게 함께 공부했다. 모두 명동마을 가족이 길러낸 인재들이었다.

잃어버린 신비

모든 학교는 원래 가족들의 학교였다. 산업혁명과 근대의 물결이 찾아오기 전까지 그랬다. 농업 사회에서는 가정과 학교와 일터가 하나였다. 신앙을 공유하는 가치 공동체도 하나였다. 다시 말해 교회 같은 종교 모임도 하나였다. 상황에 따라 마을 공동체로 확대될 수는 있어도 그 중심에는 언제나 가정이 있었다. 청년이 되어 전문 학교에 가기 전까지 가정과 공동체가 교육을 책임졌다. 할아버지, 아버지, 공동체 어르신의 지식과 가치관이 모든 것을 이끌었다. 그들의 생각 자체에 문제가 있을 수는 있었지만 적어도 생각과 생활이 통합적이고 일관성 있었던 것은 분명하다.

가정은 인간 존재의 근원이다. 인류의 씨앗이고 역사와 문화의 뿌리다. 망가진 세상을 한탄하든 살 만한 세상에 미소짓든 결국 우리는 가정을 향해 말하고 있다. 가정이라는 세포가 없다면 서울과 뉴욕이라는 거대한 몸은 존재할 수 없다. 가정이 흔들리면 인류의 모든 관계들이 요동친다. 병든 도시에 물드는 것도 가정이요 병든 도시를 치료할 수 있는 것도 가정이다. 우리는 너무 오랫동안 이 신비를 잃고 살았다.

18세기부터 가정이 조각나기 시작했다. 논밭이나 집에 딸린 상점 대신 공장이 일터가 되면서 부모들은 공장이 있는 도시로 '출근'해야 했다. 그리고 집에 남겨지는 아이들의 교육은 국가가 맡았다. 소위 공교육이 시작된 것이다. 공교육의 이상은 발전하는 사회가 원하는 인재 양성이었다. 교육의 혜택을 받지 못하던 사람들에게 공교육은 큰 힘이 되었다. 사회 통합의 효과도 있었다. 하지만 공교육은 절반의 성공을 거두었을 뿐이다. 사회 통합은 이뤘는지 모르지만 개인과 가정에는 오히려 분열을 가져왔다. 그 사회 통합도 정말 좋은 통합이었는지 질문하는 사람들이 많다. 공교육의 주된 내용은 공장과 도시에서 생존하고 출세하기 위한 기능 위주일 수밖에 없었다. 생각하고 판단하고 통합하는 교육보다 먹고 사는 데 필요한 지식 전달이 우선이었다. 이렇게 일터와 학교가 가정의 영향권에서 벗어나면서 부모는 자녀교육의 주도권을 상실하게 되었다. 자녀들과 함께할 시간 자체가 부족해졌을 뿐 아니라 빠르게 발전하는 기능적인 지식을 가르칠 수도 없었다. 불과 100년 사이에 벌어진 일들이다.

교육에서 공동체가 사라졌다. 불변하는 것들이 전해지고, 실험되고, 실천되고, 격려되는 공동체가 사라졌다. 교육의 발전이 아니라 타락이었다. 인류의 스승들에게서 공동체를 빼면 무엇이 남는가? 예수와 소크라테스와 공자의 가르침은 공동체에서 전해지고 실험되고 실천되고 격려되었다. "진리의 실험실"로서의 공동체가 없다면 교육은 진학과 취업의 기술로 전락하게 된다.

아빠의 길, 학자의 길

명동마을의 기초를 세운 네 가문의 지도자들은 학자이자 아빠들이었다. 예를 들어 김약연(金躍淵) 선생은 『맹자』를 만독(萬讀)한 사람이었고 김하규(金河奎) 선생은 『주역』을 만독한 사람이었다. 교육이 강단의 요점 정리가 아닌 것을 그들은 잘 알고 있었다. 유학의 가르침만 옳다고 주장할 생각도 없었다. 다만 흔들리는 시대 속에서 등불이 될 진리를 탐구하고 실험하고 폭발시킬 배움의 공동체를 원했다.

명동학교는 죽은 교과서와 현실의 변명을 용납하지 않았다. 서슬 퍼런 일본의 칼날을 지척에 두고도 입시 문제로 안중근의 죽음을 출제했고, 3·1절과 개천절이면 광복을 기원했고, 8월 29일에는 국치일을 기억했다. 실제 1919년 3월에는 학교 밴드가 만세 운동 현장에서 힘차게 연주했다. 학교 행사 때는 당당히 태극기를 걸었다. 작문 시간에는 어떤 주제가 주어지든 조선독립과 연결하지 않으면 점수를 주지 않았다. 가정과 학교와 일터와 가치 공동체가 그들에게는 하나였다. 조선독립이 모든 공부의 방향이자 꿈이었다.

물론 나는 아빠일 뿐 학자가 아니었다. 『맹자』를 만독한 사람도 아니고 대단한 인물도 아니었다. 하지만 중요한 것은 학자가 아니라 아빠라는 사실이었다. 학자는 누군가에게 맡겨도 되지만 아빠의 역할은 그럴 수 없었다. 아이가 태어날 때 아빠도 태어났다. 아이의 '○○ 담당'에는 어떤 사람이든 바꿔 넣을 수 있지만, 아빠 엄마는 누구를 대신 넣을 수 없다.

감사하게도 이 땅 모든 아빠는 어떤 식으로든 학자다. 모든 부모에게는 물려줄 지혜와 진리가 있다. 수십 년 세월이 가르쳐준 것들이다. 무엇이든 빛나는 걸 가지고 있다. 그것을 자녀들에게 전해주지 않는 것은 직무 유기다. 내 어깨가 거인의 어깨는 아니어도 아이들이 내 어깨 위에 서서 더 멀리 보고 더 높이 오르게 도와야 한다. 선택이 아니라 의무다. 뛰어오른 아이가 날개를 펴고 어디로 날아갈지는 아이의 몫이지만 어깨를 내어주는 것은 부모의 몫이다.

나는 컴퓨터 프로그래머로 사회 생활을 시작했다. 인문학을 사랑했고 예술 분야를 꿈꾸기도 했지만 전혀 예상치 못하게 코딩으로 밤을 지새우며 시작했다. 인터넷 검색엔진을 만들고 운영하면서 정보와 지식과 지혜 사이의 퍼즐을 푸느라 밤잠을 설쳤다. 취업도 하고 창업도 했다. 대학 강단에도 섰다. 좌충우돌하며 세상을 배웠다. 사람을 만났고 사랑에 빠졌다. 싸우고 화해했다. 좌절하고 일어섰다. 가로등에 기대어 홀로 울기도 했고, 수천 명의 청중을 모아 열변을 토하기도 했다. 비판도 받았고 박수도 받았다. 쓸모없는 것은 없다. 자녀에게 전하라고 하늘이 가르쳐준 것들이다. 기능을 가르칠 훌륭한 사람은 세상에 많다. 인생의 지혜를, 삶의 몸부림으로 전해줄 수 있는 것은 부모뿐이다.

가족 학교의 시작

가족이 다시 중심에 서야 했다. 다른 길은 없었다. 가족 학교를 회복하는 일, 부모의 지혜를 나누고 더 큰 바다로 함께 가는 일이 필요했다.

사실 고독한 결단이 아니었다. 시대의 변화였다. 사람들은 자신의 결단이 시대의 파장에 공명하고 있음을 자주 잊는다. 거대한 파도의 전조를 읽으면 외롭지 않게 싸울 수 있다. 더 확신있게 개척자가 될 수 있다. 우리는 모두 시대의 아들 딸들이다. 앨빈 토플러가 『부의 미래』에서 "공장식 교육체제"에 대항해서 일어난다고 말했던 교육 혁명의 물결에 우리 가족도 있었다.

제3의 물결, 지식 혁명, 디지털 혁명의 참뜻은 돈벌이 수단의 변화가 아니다. 공장 설비가 아니라 개인 컴퓨터가 중심이 되었다는 것, 3D 프린터로 상상이 실제가 된다는 것, MIT 강의를 유튜브로 들을 수 있다는 것. 파편의 시대가 가고 통합의 시대가 왔다는 뜻이다. 속도의 시대가 가고 생각의 시대가 왔다는 뜻이다. 새로운 시대는 농업 시대를 닮았다. 개인과 지식과 공동체에 대한 관심이 일어난다. 인문학의 부활이 화두가 된다. 통합, 융합, 통섭이 신문을 장식한다. 그러나 우리가 갈 곳은 옛날이 아니다. 들판의 농업이 아니라 지식의 농업, 영혼의 농업이다. 통합과 재창조의 길이다.

가족이 다시 중심에 서야 했다. 다른 길은 없었
다. 가족 학교를 회복하는 일, 부모의 지혜를 나
누고 더 큰 바다로 함께 가는 일이 필요했다.

어제와의 이별
....

통합을 하려면 먼저 분리가 필요하다. 얽매던 것들과의 결별이 시작이다. 명동마을 가족들처럼 두만강을 건너야 한다. 가족들과 두만강을 건널 때 문익환 목사의 어머니는 다섯 살 꼬마였다. 그 날의 분리와 결별은 수십 년 세월이 흐른 뒤에도 선명하게 남아 있다.

> "두만강을 건너니 모래벌이 있어서 그 모래 위에서 놀았어. 그리고 되돌아서서 회령을 건너다보니 하얗게 회칠한 집이 보였어. 그게 회령 원님이 있는 관서라고 했어"[1]

물리적 분리와 결별이 절대적인 것은 아니다. 중요한 것은 정신적이고 사상적인 분리다. 삶의 터전과 방식을 꼭 떠날 필요는 없다. 지금 여기가 감사한 선물이며 사랑하고 헌신할 사람들일 수 있다. 하지만 더 이상 사는 대로 생각해서는 안 된다. 생각대로 살아야 한다. 가족이 함께 불변의 지혜를 찾는 여정을 떠나야 한다. 삶의 가장 중요한 자리에 우리 가족의 학교를 세우고 일상과 이상을 오가면 된다. 시류의 강물을 헤치며 전진할 작은 시간과 공간의 배만 있으면 된다.

1 • 김형수, 『문익환 평전』, 실천문학사, 86쪽. 명동마을과 명동학교를 더 알고 싶다면 다음 책들을 참고하기 바란다. 송우혜, 『윤동주 평전』, 서정시학. 김형수, 『문익환 평전』, 실천문학사. 김응교, 『처럼』, 문학동네. 윤영춘 외, 『나라사랑』 23집, 외솔회.

90분 학교

어려울 것 없다. 90분이다. 90분만 있으면 누구나 가족 학교를 만들 수 있다. 거창한 건물과 교사와 커리큘럼이 필요한 것이 아니다. 온 가족이 90분의 시간만 함께할 수 있으면 된다. 불변하는 것들과 접속하고, 살아가고 사랑하고 꿈꾸는 것들을 나눌 수 있으면 된다. 일반학교에 다니든 대안학교에 다니든 상관없다. 취업을 했든 창업을 했든 상관없다. 어디에 있든 학교 위의 학교, 공부 위의 공부를 세운다. 인생의 나침반을 세운다. 90분의 절반이 식사 시간이어도 좋다. 가족만이 누리는 특권 아닌가? CEO들이나 하는 인문학 조찬모임을 집에서 하는 셈이다. 지난 6년간 우리가 했던 모든 일의 궁극적인 실체가 있다면 이 90분의 시간과 공간을 만들고 "진리의 실험실"을 운영하는 것이다.

쉽지 않은 것도 사실이다. "가족 학교 90분"이 어찌 그리 어려운지. 늦잠 자고 인터넷 하고 극장 가는 것은 어렵지 않은데 가족 학교 90분은 어렵다. 막상 시작하려면 일이 터진다. 시간이 없다. 사실 없는 것은 시간이 아니라 마음이다. 절박함이다. 늘 급한 일에 쫓기면서 중요한 일을 방치하는데 길들여져 있다.

가족이 중요하다고? 정말인가? 아침에 일어나서 무엇을 하는가? 하루 끝에는 무엇을 하는가? 입으로 뭐라고 말하든 그 자리에 있는 것이 우리가 정말로 몸과 마음을 쏟는 것이다. 그 자리에 가족이 없다면, 그 자리에 불변의 지혜를 향한 목마름이 없다면 우리는 거짓

말을 하고 있는 것이다. 가족을 위해서 다른 걸 하고 있다고? 글쎄. 그게 정말 가족을 위하는 것일까?

소크라테스는 『국가』에서 사람에게는 영혼에 달라붙어서 아래쪽만 쳐다보게 만드는 납덩이가 있다고 말했다. 눈을 들어 진리를 볼 수 없게 조이는 것들이다. 특별히 식탐이나 쾌락을 지적하면서 이런 것들을 잘라내야 한다고 말했다. 우리 가족이 모이고 진리에 눈 뜨는 것을 방해하는 납덩이는 무엇인가? 어떻게 잘라낼 수 있는가? 영혼의 생사를 가르는 질문이다. 결단이 필요한 일이다.

특별한 모험

생각과 현실의 간극에 고민하는 어떤 사람들은 정신적 분리나 부분적 분리에 만족하지 못한다. 물리적 분리의 열망이 강하게 찾아온다. 삶의 방식 자체를 분리하는 것이다. 더 훌륭하고 용감해서가 아니다. 설명할 수 없는 이유로 모험을 거부할 수 없어서다. 멋지게 말하면 개척자의 사명이 주어졌기 때문이고, 현실적으로 말하면 철이 없어서다. "큰 변화가 작은 변화보다 쉽다"는 프랜시스 베이컨의 말을 믿는 사람들이다.

우리 두 아이는 학교를 그만두었다. 아빠와 엄마는 일을 줄이고 바꿨다. 엄마는 자식 자랑을 포기했다. 아빠는 야망을 포기했다. 아이들은 또래들의 길을 포기했다. 다 이해하기 어려운 길인데도 아이들은 아빠를 따라와 주었다. 고마울 뿐이었다. 더 큰 세계를 보았기에 가능했지만 쉽지 않은 선택들이었다. 가족이 함께 강을 건넜다.

가족 학교는 조각난 삶에 통합과 연대를 가져오려는 노력이다. 세상과 단절하고 보호하려는 온실 유치원이 아니다. 적극적으로 부딪히고 부수고 다시 세우고 연결한다. 이런 몸부림 덕에 가족 학교를 열면 몇 세기 동안 잃어버렸던 소중한 것들을 회복하는 축복을 경험하게 된다.

함께 있는 기쁨, 함께 있는 고통

가족 학교는 무엇보다 먼저 가정을 다시 불러들인다. 조각난 가정을 회복시킨다. 부부가 더 가까이 자녀들이 더 가까이 온다. 더 많은 공간 더 많은 시간을 함께한다. 혈통으로 묶인 끈이 사랑으로 더 단단해진다. 가정은 질서와 희생과 용서와 안식의 관계를 배울 수 있는 최고의 학교다. 권위가 무너지고 인내 없는 사회가 되는 것이 공교육 탓인가? 누구나 알고 있다. 근본 원인은 가정이 무너졌기 때문이다. 권위가 무너진 학교는 교사 탓이 아니라 가정 탓이다. 가정에서 권위와 순종의 기쁨을 배우지 못했기 때문이다. 가족 학교는 사랑과 질서의 관계를 회복하는 길을 열어준다.

하지만 통합은 낭만으로 가득 차 있지 않다. 가까워지는 일은 부딪히는 일이다. 과정이 고통스럽다. 가족 학교를 준비하면서 큰 착각을 했다. 결단이 어려울 뿐 일단 시작만 하면 꽃길이 열릴 거라 생각했다. 외부적으로는 상대적 가난과 고독이 찾아올 수 있지만, 가정에서는 행복과 웃음만이 꽃 필거라 생각했다. 불청객이 있었다. 우리 부부는 더 많이 싸웠다. 연애와 신혼 이후로 이렇게 가까이 있은 적이 없었다. 낭만보다 인생과 고생을 더 많이 알아버린 부부는 자주 부딪혔다. 오랫동안 몸에 밴 생활 방식을 바꾸는 것이 쉽지 않았다. 재정 상황의 파도는 생각보다 크게 출렁거렸다. 익숙해지는 데 시간이 걸렸다. 이제 아이들의 공부와 인생 고민을 더 이상 학교가 대신해주지 않았다. 부부가 함께 나누어도 짐은 무거웠다. 상황을 보는 눈과 생각하는 방향에 차이가 나면 짐은 더 무거워졌다. 욕심과 욕심이 부딪히고 기대와 기대가 어긋나자 밑바닥까지 드러나는 싸움이 이어졌다. 부모와 자녀 사이도 마찬가지였다. 민낯이 드러난 서로의 일상이 곱게만 보일리 없었다. 부모 눈에는 아침 기상에서 방청소까지 걸리는 것투성이였다. 가족간에 크고 작은 충돌이 이어졌다.

더 절망적인 것은 부부싸움을 이제 아이들에게 감추기 어렵다는 것이었다. 가족 학교는 유리 학교였다. 숨을 곳이 없었다. 부모의 바닥이 그대로 드러났다. 바닥을 들킨 부모는 작아졌다. 아빠는 이제 숨을 곳이 없었다. 새벽같이 출근해서 한밤중에 치킨을 들고 올 때까지 위선적인 시간을 보내다가 좋은 아빠인 척 짠~하고 나타날 수가 없었다. 아빠가 영웅이 아니라는 사실을 너무 빨리 들킨 것 같았다.

몇 가지를 깨닫고서야 싸움이 잦아들었다. '우리'가 항상 이 모양인 것은 남이 바뀌지 않아서가 아니라 내가 바뀌지 않아서다. 교육이 필요한 것은 남이 아니라 나다. 나를 바꾸는 것은 지식의 증가가 아니다. 또 다른 계획이 아니다. 실패와 겸손이다. 늘 듣고도 거부하던 이야기에 마침내 무릎을 꿇을 때 변화가 온다.

공동체의 발걸음은 2인 3각 경주다. 가장 빠른 사람의 속도가 아니라 가장 느린 사람의 속도로 가야 한다. 그리 될 수밖에 없다. 그래야 넘어지지 않는다. 그래야 행복하다. 우리의 발목이 하나로 묶인 운명에는 다 이유가 있다.

가족의 이름으로

가족은 예쁘기만한 꽃이 아니다. 슬프고 아프다. 어떻게 할 수가 없다. 알기에 더 고통스럽다. 화가 난다. 그러나 놓을 수 없다. 파랑새에 마음을 빼앗긴다. 파랑새가 날아간다. 또 다른 파랑새가 찾아온다. 그 많던 파랑새들이 다 떠난다. 남아 있는 것은 가족이다. 늘 거기 있었다. 마침내 끌어안는 이름. 가족. 가족은 눈부시다.

더 가까이 있다는 것은 더 많은 차이와 더 많은 문제가 드러난다는 것이다. 길이 보인다고 다음날 도착한다는 뜻은 아니다. "함께"라는 말은 긍정적인 뜻도 아니고 부정적인 뜻도 아니다. 말 그대로 같이 있다는 것뿐이다. 기쁨과 동시에 아픔이 있다. 인내가 필요하다. 가까워지는 고통은 모난 돌들의 충돌이다. 다듬어지는 과정이다. 그 과정의 고개를 하나씩 넘을 때마다 "함께"는 비로소 인생의 가장 위대한 신비가 된다. 실패하고 넘어져도 다시 일어선다. 돌아가고 싶어하지 않는다. "함께"의 가치와 기쁨을 알아버렸기 때문이다.

그렇게 우리는 가족이 함께 강을 건넜다. 행진을 시작했다. 2012년 2월이었다.

3

인류의
고전을
읽으며

250년을
달려온
열차

강을 건너면 낯선 세계다. 무수히 많은 길이 있다. 한 줄로 서서 같은 길을 갈 때는 앞사람만 보고 가면 된다. 어디로 갈지 고민할 필요가 없다. 뒤처지지만 않으면 그만이다. 욕심나면 속도를 높이면 되고 튀고 싶지 않으면 중간에 가면 된다. 그러나 밖으로 나오면 정해진 길이 없다. 막막하다. 주자(朱子)의 말대로다.

> "문 밖으로 나오면 천가지 만가지 길이 있다. 만약 자신을 이
> 끌어가는 마음이 없다면 어떻게 올바로 갈 수 있겠는가?"

250년을 달려온 열차였다. 산업혁명 때부터 모두 타는 열차. 아빠로서 남편으로서 열차에서 내리기 전에 앞으로의 방향에 대해서 고

민이 많았다. 가족의 미래가 걸린 일이기에 대충 결정할 수가 없었다. 무엇보다 아이들은 청소년이었다. 지성과 자아가 크게 자라는 시기였다. 물론 신나게 놀 수도 있고 여행을 다닐 수도 있었다. 그런 시간은 꼭 필요하다. 하지만 큰 방향이 없다면 여행이 아니라 떠돌이 방랑이다. 불면의 밤이 이어졌다.

공장식 교육체제

세상에는 많은 길이 있고, 교육에는 많은 방식이 있다. 이 시대의 아이들은 보통 어떤 공부를 하는가? 앨빈 토플러가 "공장식 교육체제"라고 불렀던 방식은 산업화 이후 어느 나라나 유사하다. 기본적으로 학년별로 올라가는 교과 방식이다. 다양한 과목이 있고 매년 공부할 진도가 있다. 적은 교사가 많은 학생을 데리고 같은 목표를 향해 갈 때 좋은 방법이다. 1학년의 자리와 3학년의 자리가 다르다. 나이별로 공부할 내용이 지정되기 때문에 자기 위치를 점검하기도 좋다. 어떻든 공장 컨베이어 벨트가 움직이는 방식과 비슷하다. 정해진 길과 속도가 가장 중요하다.

문제는 진도에서부터 시작된다. 어떤 이유이든 진도를 놓친 사람은 낙오자다. 밤잠 안 자고 죽어라 노력해서 따라잡거나 대충 넘어가거나 포기해야 한다. 다른 길은 없다. "왜"라는 질문은 허용되지 않는다. 그냥 그렇게 알고 반복하며 따라가야 한다.

과목이 많아서 더 정신을 차릴 수가 없다. 어떤 과목 진도에 문제가 생겨서 힘을 쏟으면 다른 과목에 문제가 생긴다. 전략 과목이라는 이름 아래 어떤 과목들은 아예 포기하는 상황도 생긴다. 생각하니 이상하다. 정말 어떤 과목은 버려도 되는가? 과목끼리 관련이 없는가? 일제 강점기 역사를 깊이 모르면서 윤동주나 한용운의 시를 가슴으로 이해할 수 있는가? 국어를 모르면서 영어의 세계로 깊이 들어갈 수 있는가? 영어의 내면을 모르면서 서양철학을 이해할 수 있는가? 서양철학을 모르면서 과학의 뿌리를 알 수 있는가? 뿌리를 모르면서 열매의 참맛을 알 수 있는가?

과목별로도 어려움이 있다. 특정 주제를 한번에 연속해서 다루지 않고 학년별로 나선형으로 돌면서 산을 올라가는 경우가 많다. 제대로만 된다면 천천히 여러 주제를 결합하며 발전할 수 있지만 중간에 길을 잃기 쉬운 단점도 있다. 예를 들어서 중학교 수학을 보면 모든 학년마다 기하 단원이 있다. 1학년 2학기 때 도형의 기본을 배우고 다른 걸 하다가 2학년 2학기에 다시 도형의 성질과 닮음을 배우는 식이다. 문제는 2학년 1학기에 기하에 대한 기억이 희미해진다면 힘들게 다시 시작하거나 포기하게 될 수 있다는 것이다. 기하만 집중해서 공부하면 두 학기 이내에 중학 기하의 마무리는 물론이요 더 깊이 들어갈 수도 있다.[2]

---

2 •   엄밀하게 말하면 우리나라 수학 교육과정은 나선형도 아니고 단선형도 아니다. 애매한 구조다. 원래 나선형 교육과정의 의미는 꾸준히 복습을 하면서 단단하고 풍성해지는 구조인데, 우리나라는 주제 배치만 나선형이고 복습과 융합 구조가 없다. 생각할 틈 없이 계속 건물을 높이 올리라고만 한다. 깊이 없는 요령꾼이 되거나 낙오자가 되기 십상이다.

물론 장단점이 있는 일이다. 교육 기회의 확대와 통합 측면에서 보면 특정 연령의 학생들에게 동시에 기초 학습 능력과 기본 지식을 갖추게 하는 데 좋다. 눈에 띄는 목표 지점을 만들어준다. 평가하기 쉽다. 나름의 안정감도 있다. 학년별 교과 방식은 어떤 식으로든 필요한 일이지만 지나치게 많은 과목과 복잡한 진도가 일으킨 문제는 더 커지기만 한다.

학생들은 바쁜 시간표에 시달린다. 1시간 단위로 다른 과목을 공부하느라 정신이 없다. 무엇에 집중하고 즐길 수가 없다. 공자는 순임금의 음악이 너무 아름다워서, 석 달 동안 밥이 입으로 들어가는지 코로 들어가는지 모르고 몰입했다고 한다. 음악 맛에 음식 맛을 잊은 것이다(子在齊 聞韶 三月不知肉味). 하지만 오늘날의 학생들은 어떤 주제나 과목에 이렇게 흠뻑 빠질 수가 없다. 가슴을 열고 깊이 사랑하고 깊이 배울 수 있는 나이에 수십 개의 수박만 겉핥고 있는 것이다.

질문하면 보이는 것들

그러다보니 근원과 본질을 생각할 기회가 없다. 근원과 본질은 결론만 암기하고 끝이다. 삼각형의 내각의 합은 얼마인가? 180도다. 모르는 학생이 거의 없다. 그럼 다시 질문한다. 왜 180도인가? 그러면 삼각형의 한 변과 평행인 직선을 긋되, 그 변과 마주보는 꼭지점을 지나게 그은 다음에, 평행인 두 직선에서 엇각의 크기가 같고, 평행선 위의 각들을 합하면 180도가 된다는 성질을 가지고 증명한다.

그럼 다시 질문한다. 엇각의 크기는 왜 같은가? 평행선 위의 각들을 합하면 왜 180도인가? 이렇게 꼬리에 꼬리를 물다보면 "평행선은 영원히 만나지 않는다"는 막다른 사실 앞에 서게 된다. 다시 또 정말 그럴까를 묻게 되면 우리는 평면 세계를 넘어 새로운 세계에 들어가게 된다. "왜"라는 질문이 열어주는 배움의 길이다. 진도와 과목에 쫓기는 공부에서는 어림없다. 논리학에서 말하는 무한후퇴(無限後退)의 과정을 거치면서 근원과 원리를 발견하는 기쁨을 맛볼 수가 없다. 땅을 깊이 파고 탑을 쌓아갈 때만 보이는 수학의 아름다움을 볼 수가 없다. "왜"를 고민할 시간을 주지 않는 교육은 학문의 아름다움을 가르칠 수가 없다.

근원의 샘에 가면 수학만 있는 것이 아니다. 존재하고 움직이는 것들의 도미노를 거슬러가면 아리스토텔레스가 말한 부동의 원동자(unmoved mover)를 만나게 된다. 원동자(原動子)는 우리에게 인생은 무엇이며 나는 누구인지를 묻는다. 거기서 철학이 나오고 과학이 나오고 종교가 나온다. 근원의 샘물을 맛보지 못한 사람은 여러 과목, 여러 주제를 통합적으로 보는 눈이 열리지 않는다. 단순한 키워드 연결 이상으로 들어갈 수가 없다. 통합이니 융합이니 하는 말들이 복잡한 수능 문제 이상의 가치와 방향을 주지 못하는 이유가 거기 있다. 이런 식으로 배운 사람들은 주제가 바뀌고 과목이 바뀌면 힘을 쓰지 못한다. 학문의 원리와 배움의 기술을 배운 적이 없고 오직 과목별 암기와 시험 요령에만 길들여졌다.

속도만 남는 교육

"왜"를 묻지 못하는 교육의 가장 큰 문제는 방향을 생각할 수 없다는 것이다. 시키는 대로 갈 수밖에 없다. 강제적인 방향과 표준에 모두가 맞추어야 한다. 1835년 미국식 민주주의의 장단점을 분석한 『미국의 민주주의(Democracy in America)』에서 토크빌(Alexis de Tocqueville)이 말했던 모습은 공장식 교육체제의 힘과 한계를 분명하게 보여준다. 200년 전 미국 스케치가 오늘의 대한민국과 놀라울 정도로 똑같다. 마치 예언을 한 것 같다.

> "무식한 사람이 거의 없는 동시에 지식인도 거의 없다. 누구나 기본 교육은 받을 수 있으나 수준 높은 교육을 받는 사람은 거의 없다… 특별히 돈 버는 목적을 가진 일부가 아니면 더 이상 공부하지 않는다. 과학 공부에는 사업처럼 접근한다. 즉각적으로 실용성이 있는 부분만 선택한다… 재산과 여유를 물려받는 동시에 지적인 기쁨의 경험을 물려받고 지식인의 수고를 자랑스럽게 여기는 계층이 거의 없다… 인간 지식에 대한 중간 표준(middling standard)이 정해져 있다. 모두가 어떻게든 거기에 도달하려고 한다. 어떤 사람은 거기까지 올라가고 어떤 사람은 거기까지 내려온다. 물론 많은 사람들이 종교, 역사, 과학, 정치경제, 법과 정부에 대해 똑같은 생각을 품고 있는 것을 알 수 있다."

물론 교육의 기회는 평등해야 한다. 공교육을 통해 보편적으로 기초 지식과 학습 능력을 쌓게 되면 좋은 일이다. 하지만 근원과 통합을 고민할 수 없는 구조 속에서 공교육에만 의존하게 되면 결과는 뻔하다. 진도와 속도밖에 남는 게 없다. 공교육이 정한 중간 표준이 평등이라는 이름으로 강요된다. 각자의 재능과 개성은 사라지고 시험 점수만 남는다. 강요된 표준에 따라 인간 등급이 매겨진다. 등급에 욕심난 사람들은 사교육과 선행학습으로 속도 경쟁만 한다. 자신의 잠재력은 보지 못하고 서로 비교하면서 열등감과 우월감만 주고받는다. 아인슈타인의 말대로 바보라고 자책하는 사람들만 늘어나게 된다.

"모든 사람은 천재다. 하지만 물고기를 나무 타기 능력으로 평가한다면, 물고기는 평생 자신을 바보라고 믿으며 살아갈 것이다."

나무가 아니라 바다를 누빌 존재들이 나무를 보며 절망한다. 숲이 아니라 하늘을 빛낼 존재들이 날개를 펴지 못한다. 나무 타기 시험에서 떨어진 새와 물고기가 낙오자의 오명을 쓰고 살아간다. 서로 다른 재능을 존중한다면 조화를 배울 수 있겠지만, 똑같은 평가만 받는다면 서로의 의미는 경쟁뿐이다. 성공은 경쟁의 승리만을 뜻하게 된다.

교육은 결국 인재(人才)를 키우는 일이다. 사람을 기르고 교육을 한다는데 그 끝에 인재상이 잘 보이지 않는다. 학생들의 가슴 속에 어떤 사람이 되라고 심어주는가? 교사들은 그들의 미래에서 누구를 보는가? 공자는 평생 동안 노나라의 시조인 주공(周公)을 롤모델로 삼았다. 그런 스승이 되고 싶었고 제자들이 그런 사람이 되기 원했다. 주공 같은 사람들이 모여 세상을 바꾸기 원했다. 얼마나 닮고 싶었으면 늘 꿈에 나타날 정도였다. 기력이 쇠하고 떠날 날이 가까워 꿈에 나타나지 않자 가슴 아파했다(甚矣吾衰也, 久矣吾不復夢見周公). 그러나 오늘날 교육에서는 롤모델이 희미하다. 연예인이나 부자가 막연한 꿈이 되어 있을 뿐이다. 공장식 교육체제로 로봇 같은 사람을 길러내는 것이 아니길 바랄 뿐이다. 시키는 업무에 충실한 존재들이라면 인공지능(AI)으로 충분한 시대가 오고 있지 않은가?

살아 움직이는 모든 것이 그렇듯이 교육도 방향과 속도가 조화를 이루어야 한다. "왜"와 "어떻게"가 모두 필요하다. "왜"가 사라지고 "어떻게"만 남는 것은 재앙이다. 무조건 공교육을 거부해야 한다는 뜻이 아니다. "어떻게"의 교육을 열심히 받는 것 자체는 나쁜 일이 아니다. 문제는 "왜"라고 묻는 방향의 질문은 공교육에서 어렵다는 것이다. 점수에 따른 진학 방향 이상을 기대할 수 없다. 공교육의 잘못이 아니라 공교육의 한계다. 우리는 지난 250년간 한계가 있는 교육 방식에 너무 많은 것을 맡겼다. 공교육은 공적 교육인 동시에 공장 교육이다. 속도와 대량생산 시스템이다. 가치와 방향의 고뇌를 가르칠 힘이 없다. 모두 맡겠다고 큰 소리친 공교육은 오만했고, 말만 믿고 아이들의 인생을 넘겨준 부모들은 순진했다. 기초 학습과 기본 지식을 습득하는 일에 있어서 공교육은 아쉬운 점이 있음에도 불구하고 여전히 존재 가치가 있다. 하지만 방향을 잡고 핸들을 돌리는 역할은 "가족 학교"가 다시 가져와야 한다. 속아서, 바빠서, 두려워서 이 역할을 넘겨준 가족들이 많았지만, 가족을 대체할 만큼 이 일을 제대로 해낸 기관은 역사상 단 한 곳도 없다. 가족의 자리는 누구도 대신할 수 없다.

세상의
모든
커리큘럼

공교육 열차에서 내리면 어떻게 공부해야 할까? 열차에서 내리지 않더라도 가족 학교 90분으로 어떻게 인생의 등불을 밝힐 수 있을까? 공부에는 학년별 교과 방식만 있는 것이 아니다. 다양한 커리큘럼(교육 과정)이 있다.[3] 예를 들면 주제 통합(프로젝트) 방식이 있다. 주제 하나를 정하고 그에 맞게 여러 과목과 단원을 연결해서 공부하는 것이다. 체계적인 훈련과 열매를 위해서 논문 쓰기를 중심으로 진행하는 방식도 있다. 아예 커리큘럼 자체를 정하지 않고 학생 스스로 좋아하는 주제를 따라서 공부하게 놔두는 방식도 있다. 지역사

---

3 •   이 책은 우리 가족이 고전을 중심으로 공부한 이야기를 펼치는 자리다. 학습과 교육 커리큘럼의 적용에 대해서도 나누고 싶은 것이 많지만 다음을 기약하기로 한다.

고전 읽는 가족

회와 공동체에 필요한 분야를 공부하고 실천하면서 재능을 발견하고 지식을 쌓는 길을 택할 수도 있다. 그런가 하면 교육 전문가들의 이론에 맞추어 구성할 수도 있다. 하워드 가드너의 다중 지능 원리를 적용할 수도 있고 몬테소리나 발도르프를 따라갈 수도 있고 샬롯 메이슨을 따라갈 수도 있다.

어떤 사람들은 학년별 교과 방식에서 문제가 되는 것이 가치관과 방향이라면 기존 틀을 유지하면서 교육 과정의 세계관과 교과서 내용만 바꾸면 된다고 생각한다. 예를 들면 평화 학교, 생태 학교, 기독교 학교용으로 각각에 맞게 학년별 교과를 만드는 것이다. 좋은 시도다. 그러나 여전히 위험요소가 있다. 방향이 바뀐 것은 사실이지만 특정 방향이 무조건 전제가 되고 생각과 고민의 여지를 주지 않을 위험이 있다. 또 하나의 절대 표준이 되는 것이다. 자칫 과목과 진도 분량이 많아지면 바쁜 시간표에 시달리면서 지루해지고 큰 그림을 놓칠 위험도 여전하다.

커리큘럼을 살펴볼수록 결정이 더 어렵다. 커리큘럼은 많다. 모두 장단점이 있다. 전문가와 경험자들은 모두 자신의 길을 추천한다. 상황이 이렇다보니 대안교육을 고민하는 사람들 중에는 결정을 못하고 우왕좌왕하거나, 결정한 후에도 조금만 삐걱하면 다른 방식으로 갈아타는 일을 반복하면서 정착에 어려움을 겪는 경우가 적지 않다.

다양한 커리큘럼(교육 과정)이 있다. 예를 들면
주제 통합(프로젝트) 방식이 있다. 주제 하나를
정하고 그에 맞게 여러 과목과 단원을 연결해서
공부하는 것이다. 체계적인 훈련과 열매를 위해
서 논문 쓰기를 중심으로 진행하는 방식도 있다.

무엇을 선택할 것인가?

커리큘럼을 결정할 때 가장 중요한 것은 두 가지다. 첫째는 우리 가족에게 맞는 방식이냐는 것이다. 가치관이 맞아야 하는 것은 기본이다. 또한 중요한 것은 우리 가족의 특성에 맞느냐는 것이다. 공장식 교육체제의 문제점을 이야기하며 대안을 찾는 사람이 여전히 다른 사람들이 많이 하는 것을 우선으로 찾아다닌다면 또 다른 공장체제에 들어가려고 애쓰는 것이다. 가족마다 맞는 옷이 다르다. 부모의 강점과 성향에서부터 자녀들의 재능과 열정까지 찬찬히 살피고 맞춤 옷을 입어야 한다. 심사숙고해서 커리큘럼을 고르고 필요하면 변형시킨다. 아쉬운 점이 있다면 다른 커리큘럼 일부를 추가해서 보완할 수도 있다. 아니면 과감하게 새롭게 창조하는 것도 좋다. 우리가 걸으면 길이 되는 길로 가보는 것이다! 어떤 식이든 중요한 것은 우리 가족에 맞는 방식을 찾는 것이다.

둘째는 가장 믿을 수 있는 방식을 선택하는 것이다. 말은 쉽지만 어려운 일이다. 불면의 밤은 쉽게 끝나지 않았다.

옛적
길을
따라서

많은 것을 놓고 고민할 때는 일단 전통 있는 것을 붙잡는 게 지혜롭다. 오래된 길이 더 좋은 길일 때가 많다. 지금으로부터 2500년 전 고대 이스라엘에 예레미야라는 선지자가 있었다. 그는 타락한 조국이 이대로 가면 멸망할 것을 알았다. 눈물로 호소하며 동포들의 반성을 촉구했다. 그는 나라의 살 길을 이렇게 대언(代言)했다.

"너희는 길에 서서 보며 옛적길들을 알아보라. 선한 길이 어디인지 알아보고 그리로 행하라. 너희 심령이 평강을 얻으리라."

우선 가던 길을 멈추는 것이 해결의 시작이다. 그리고 천천히 살펴본다. 옛 사람들이 갔던 길은 어디인가? 선조들이 갔던 길, 선배들이 갔던 길은 어디인가? 그러나 서두르면 안 된다. 한번 더 물어야 한다. 옛날 것이라고 다 좋은 것은 아니다. 악한 길도 있고 실패한 길도 있다. 옛 사람들의 선택과 결말을 살펴본다. 그중에 선한 길, 바른 길, 행복의 길, 영원한 길이 있다. 그 길로 향한다. 다시 걷기 시작한다. 평안이 찾아온다.

사람들은 새것만 찾는다. 우리는 새것에 길들여져 있다. 전자제품에서 옷과 유행까지 늘 '신상' 타령이다. 심지어 교육과 공부에서도 신상 타령이다. 새 이론, 새 방법, 새 책. 하지만 우리 가족에게 정말 필요한 것은 오래된 지혜였다. 새롭고 효과가 좋다고 주장하는 커리큘럼들을 한쪽에 밀어놓고 옛 생각을 들었다.

진짜 공부, 가짜 공부

옛 사람들이 생각한 공부는 우리와 전혀 달랐다. 만약 구글 같은 검색엔진에서 이미지 검색으로 '공부'를 찾아보면 우리가 흔히 생각하는 공부의 그림이 나온다.[4] 책더미, 책상, 머리를 쥐어뜯는 고통, 시험, 교실, 청소년, 교복. 대학가고 취업하기 위한 공부다. 남에게 보여주고 인정받기 위한 공부다. 경쟁과 평가와 출세에 목매는 공부다. 공부를 작은 우물에 가둬놓고 있다. 그런 우물에서 생각할 수 있

---

4 • http://bit.ly/study-images

는 '공부하는 이유'의 최대치는 선택의 폭이 넓어진다는 것이다. 점
잖게 말해서 그렇고 솔직하게 말하면, 점수가 높으면 골라서 대학하
고 골라서 취업할 수 있다는 뜻이다. 물론 땀흘린 공부에 보상이 따
르는 것은 당연하다. 나쁜 일이 아니다. 그러나 공부의 우물이 좁으
면 인생도 사회도 좁아진다. 옛 사람들의 공부는 바다였다.

> "그래서 나는 내 스승들로부터 해방되는 나이가 되자 학교
> 공부를 집어치워 버렸다. 그리고 내 자신 속에서 혹은 세상이
> 라는 커다란 책 속에서 발견할 수 있는 학문 외에는 어떤 학문
> 도 찾지 말자고 다짐했다."[5]

옛 사람들에게 왜 공부하냐고 묻는 것은 어리석은 질문이었다. 왜
사냐고 왜 존재하냐고 묻는 것과 똑같은 질문이었다. 인생이 곧 공
부였다. 무엇을 알고 싶어할 때, 무엇이 되고 싶어할 때 우리는 늘 공
부하고 있는 것이다. 공부는 인간 존재 그 자체라고 그들은 말해주
었다. 공자도 어거스틴도 플라톤과 아리스토텔레스도 바울도 모두
그렇게 말해주었다.

그들은 또한 책을 읽으라고 했다. 자연도 책이요 세상도 책이요
역사도 책이요 인생도 책이지만 무엇보다 글로된 책을 읽으라는 충
고였다. 이율곡은 『격몽요결』에서 공부하지 않으면 사람다운 사람

---

5 •   르네 데카르트, 『방법서설』, 이현복 옮김, 문예출판사, 156쪽.

이 될 수 없다고 말하면서 무엇보다 책을 읽으라고 충고했다. 독서가 공부의 시작이다.

> "그러므로 도(道)에 들어가기 전에 이치를 따지는 것이 있고, 이치를 따지기 전에 책을 읽는 것이 있다. 성현들이 마음 쓴 자취와 본받고 경계해야 할 선과 악이 모두 책에 쓰여 있기 때문이다."

그들은 무엇보다 고전(古典)을 읽으라고 강권했다. 옛 사람들을 만났더니 자신보다 더 오래된 사람들에게 채널을 맞추고 있었다. 옛날에서 옛날로 끝없이 이어지는 발걸음은 결국 영원과 연결되어 있다는 뜻이었다. G. K. 체스터턴이 그들을 대표해서 말했다.

> "역사를 보면 혁명은 모두 회복이다… 정말로 뭔가를 해내서 미래를 바꿨던 사람들은 모두 과거에 시선을 고정시키고 있었다."

우리를 부르는 소리

그들의 말은 분명했다. 힘이 넘쳤다. 망치로 얻어맞는 기분이었다. 그들의 메시지가 새로워서가 아니었다. 고전이 좋다는 말에 누가 딴지를 걸겠는가? 게다가 나에게 별로 먼 이야기도 아니었다. 내 곁에는 늘 책이 있었다. 책 좀 읽는다는 말을 듣는 사람이었다. 책을 읽자, 고전을 읽자는 말 자체에 무슨 신선한 충격이 있겠는가?

그러나 지금은 전혀 다른 상황이었다. 가족이 함께 인생의 모험을 떠날 참이었다. 삶의 모습을 유지하면서 교양의 모자만 살짝 얹는 차원이 아니었다. 사교 모임에서 멋진 말을 늘어놓을 준비를 하는 게 아니었다. 멋진 구절에 고개를 끄덕거리는 게 아니라 그 구절을 등불삼아 광야로 나갈 수 있느냐의 문제였다. 독서를 좋아했지만 책대로 사는 인생, 책따라 사는 인생은, 솔직히 또 다른 문제였다. 더구나 혼자가 아니라 가족이 함께였다.

옛 스승들이 낡은 책을 들고 문앞에 서 있었다. 인생을 걸라고, 그러면 진리의 길을 알려주겠노라고 말하고 있었다. 2500년 전 가던 길을 멈추고 옛적길을 살피라는 예레미야의 충고는 결국 비극으로 끝났다. 이스라엘 사람들이 "우리는 그 길로 가지 않겠다"며 거부했기 때문이다. 나는 어떤 선택을 할 것인가? 망설임은 길지 않았다. 나에게 무슨 대단한 구석이 있어서가 아니었다. 기왕 선택할 거라면 오래된 것을 선택하자는 단순한 생각이었다. 휘황찬란한 문구들이 우리를 향해 손짓했다. "최신의", "전문가의", "지금까지 경험하지 못한", "가장 많이 선택한", "해외에서 인정받은". 다른 말은 필요 없었다.

"천년의 지혜가 담긴", 이 한마디면 족했다. 그것뿐이었다.

세상에서
가장
위험한 책

왜 고전을 읽어야 하는가? 꼭 고전이어야만 하는가? 생각은 자연스럽게 고전의 가치로 이어졌다. 개인적으로 책을 좋아한다고 해서 가족 전체가 무작정 모험을 떠날 수는 없었다. 실체와 동기를 좀 더 분명하게 정리할 필요가 있었다.

고전을 따라 가족 학교를 열기로 결정할 무렵 사회적으로 고전 독서와 인문학에 대한 관심이 조금씩 높아지고 있었다. 인터넷 검색어만 봐도 알 수 있다. 검색어 동향을 알려주는 구글 트렌드에서 '인문학'이라는 단어의 변화를 보면 2011년 전후로 사람들의 관심이 빠르게 늘어난 것을 볼 수 있다.[6] 인문학과 고전 독서는 어느새 유행이

---

6 •   http://bit.ly/search-trend

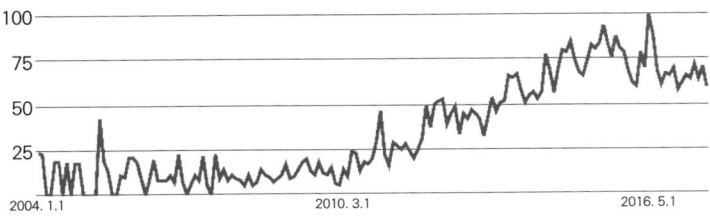

그림 1 / 구글로 본 '인문학' 검색수 변화

되고 있었다.

뒤틀린 인문학

좋은 것이 널리 퍼진다면야 휘파람을 불며 박수칠 일이었다. 과연 그런지 가늠할 방법이 있었다. 질문을 던져보았다. "고전을 읽으면 어떻게 될까?" 책과 사람들의 대답을 들어보았다. 안타깝게도, 머리가 좋아진다, 논술이 풀린다, 상위 1%가 된다, 부자가 된다는 식의 말들이 아무렇지 않게 돌아다녔다. 어떻든 고전을 읽게 만들어준다는 면에서 위안삼을 수도 있었다. 하지만 인문 고전을 읽으면 케네디 집안처럼 될 수 있다는 식의 이야기를 듣고는 당황을 넘어 분노와 절망을 느꼈다. 케네디 가문을 유명한 가문, 유력한 가문이라고 말하면 아무 문제가 없다. 출세와 명성을 얻는 모델로 삼는다면 그역시 선택의 문제일 뿐이다. 하지만 인문학적인 자녀교육의 모범으로 삼을 가문은 아니었다. 행복한 가정의 모범은 더욱 아니었다. 케네디 가문에서 자녀교육은 엘리트 교육이고 낙오자를 용납하지 않는 경쟁 교육이었다. 지적 발달이 늦었던 큰딸 로즈마리가 어떤 취급을 받았는지 안다면 케네디 가문에서 자녀교육을 배우고 싶다는 생각은 크게 들지 않을 것이다. 그들의 방향은 출세와 성공이었지 고전 독서와 인문학에서 배운 대로 사는 게 아니었다. 케네디 가문의 성공을 따라가자는 주장은 각자 알아서 들으면 될 일이다. 하지만 고전 독서와 인문학으로 자녀를 교육시켜서 케네디 가문처럼 되자는 것은 처음부터 신기루를 따라가는 것이다.

한마디로 자기계발과 인문학이 뒤엉킨 상황이었다. 인생을 다룬다는 점에서 두 분야는 비슷한 면이 있다. 대중음악과 클래식 음악의 관계처럼 보이는 부분도 있다. 어느쪽이 더 좋다거나 어느쪽이 우월하다고 말할 수는 없다. 하지만 구분은 필요하다. 자기계발은 그 이름처럼 대부분 자신을 긍정하고 발전시키는 방향으로 생각한다. "꿈은 이루어진다"고 외친다. 이에 반해 인문학은 자신을 극복하고 넘어서고 재창조하는 방향으로 생각한다. "극기복례(克己復禮)"를 외친다. 자기계발은 자기 우물에 빠진 탐욕스러운 개구리가 될 위험이 있고, 인문학은 자기 실체와 현실을 외면하는 말쟁이 위선자가 될 위험이 있다. 자기 긍정과 자기 극복은 선악이나 양자택일 문제가 아니다. 순서 문제다. 잘못된 자아를 그대로 두고 긍정과 계발부터 하면 심각한 괴물을 키울 수 있다. 자기 문제를 인식하고 잘못된 자아를 처리하고 극복하는 것이 우선이다. 그렇게 참된 자아를 찾은 후에 긍정하고 계발하면 날개를 다는 것이다. 고전 읽기와 인문학은 내 안에 있는 것에 집중하는 것이 아니라 인류의 지혜를 들으며 근본부터 다시 생각하는 과정이다. 벌거벗은 욕망을 그대로 두고 고급스런 모자만 쓰는 것은 인문학이 아니다. 자기 반성 없는 자기계발일 뿐이다. 회칠한 무덤을 만드는 일이다.

인문학의 진짜 성공사례

고전을 깊이 읽고 온 존재를 다해 인문학을 하면 정말 어떻게 될까? 부자가 될까? 출세하게 될까? 대답은 멀리 있지 않다. 고전 독서와 인문학을 이야기할 때 항상 큰 스승으로 높이는 4대 성인(聖人)의 삶을 살펴보면 된다. **공자.** 나라에 헌신했으나 정치 계략에 쫓겨났다. 제자들과 함께 세상을 떠돌았다. 가난하고 힘든 날들의 연속이었다. 노년에 고향에 정착했지만 부와 권력은 먼 이야기였다. **소크라테스.** 아테네 사람들을 불편하게 만든 죄로 사형을 언도받고 독약을 마셨다. 사람들을 깨우는 데 일생을 바쳤다. 가난했다. 배척받았다. **석가모니.** 왕자로 태어났으나 거리로 나왔다. 그의 삶을 표현하는 단어 하나가 고행이다. **예수.** 33세에 반역자로 몰려 십자가형을 받았다. 스스로 머리 둘 곳이 없다고 말할 정도로 나그네 인생을 살았다. 도대체 누가 부자가 되고 출세를 했단 말인가? 4대 성인들이 상위 1%를 추구했냐고 물으면 아니라고 대답할 것이다. 돈이 많고 권력이 있었냐고 물으면 아니라고 대답할 것이다. 하지만 그들이 진리를 추구했냐고 물으면 그렇다고 말할 것이다. 다른 사람들에게 등불이 되었냐고 물으면, 더 나은 세상의 길을 열었냐고 물으면 그렇다고 말할 것이다. 행복한 사람들이었냐고 물으면 그렇다고 말할 것이다. 인문학과 고전 독서는 배고픈 소크라테스를 깨우는 길이지 배부른 말쟁이의 길이 아니다. 부자가 나쁘고 권력자가 나쁘다는 것이 아니다. 그것을 추구하고 목적으로 삼는 것은 고전 독서의 길이 아니라는 것이다.

플라톤이 던지는 폭탄

고전은 위험한 책이다. 일상의 쳇바퀴에 날아오는 폭탄이다. 견고하게 보이던 시스템을 부수고 실체를 보여준다. 지금까지와 전혀 다른 눈으로 보게 만든다. 근원과 본질을 보여주기 때문이다. 예를 들어보자. 우리는 쉴새없이 터져나오는 정치인과 권력자들의 비리에 분노한다. 청문회가 열리고 재판이 시작되면 그들의 민낯을 보게 된다. 항상 비슷한 레파토리가 펼쳐진다. 세금탈루, 위장전입, 병역비리, 뇌물수수, 편법상속. 해당자들은 갑자기 고개를 숙이고 어법에도 맞지 않는 "거듭나겠다"는 말을[7] 반복하면서 반성한다고 굽신대

---

7 • 태어나는 것은 본인의 의지 문제가 아니다. 세상 어떤 아기도 자기 결심으로 잉태되고 출산되지 않는다. 철저히 수동적이다. 비리 정치인이 정말로 거듭나고 싶다면 그건 본인의 결단 문제가 아니다. 국민들이 자비를 베풀고 기회를 줘야 가능하다. 국민들이 기회를 안 주면 사라져야 한다. 어법상 그렇다. 정치 권력이 국민에 의해 만들어지는 원리상도 그렇다.

지만 언제나 말뿐이다. 이런 사람들을 어찌할까? 고민하고 또 고민해도 답이 없다. 답답하다.

플라톤의 『국가』는 우리에게 폭탄 같은 해결책을 던진다. 처자식을 공유하라! 지도자 계층은 처자식을 공유하며 공동생활을 하면 된다는 것이다. "살다살다 별 미친 소리를 다 듣네"라는 말이 저절로 튀어나올 이야기다. 어떻든 끝까지 들어보자. 플라톤이 그리는 이상적인 나라에서 지도자 계층은 공동생활을 한다. 사유재산도 없다. 이들에게는 축제기간에만 결혼과 성관계가 허용된다. 원하는 사람과 만날수는 없다. 추첨으로 짝을 만난다. 사실 추첨은 조작이다. 우수한 자손을 낳을 커플들을 우선으로 짝짓는다. 우수한 사람은 더 많은 사람을 만날 수 있다. 출산은 젊을 때만 허용된다. 나이든 사람은 원하는 사람을 만날 자유가 있지만 출산은 금지된다. 열 달 후에 아이들이 태어난다. 부모는 자기 아이가 누군지 모른다. 국가가 데려가 공동으로 양육한다. 아이들도 부모가 누군지 모른다. 축제가 끝나고 7~10개월 후에 태어난 아이들은 축제 때 만난 커플들을 모두 부모로 대한다. 서로는 모두 형제 자매다. 축제의 커플들에게 모든 아이들은 "우리 아이"다. 가족의 해체이면서 가족의 확장이다. 모두가 한가족이다. 말 그대로다. 극단적으로, 우리는 하나다!

우리 정치인과 권력자들이 무너지는 자리에는 공통점이 있다. 사유재산과 자녀교육 문제다. 세금탈루, 뇌물수수, 편법상속은 돈 욕심 때문에 벌어지는 일이다. 위장전입, 병역비리의 핑계는 언제나 자녀다. 더 좋은 교육, 더 좋은 상황을 만들어주고 싶었다는 것이다.

내 돈과 우리 애들이라는 개념 자체를 파괴하면 지도자들은 나라 고민만 하게 된다. 나라 걱정이 곧 가족 걱정이요, 국가 경제 걱정이 곧 우리집 돈 걱정이다. 이 얼마나 말끔한 해결책인가? 만약 우리나라 국회의원, 검사, 고위 공무원들에게 이런 삶이 주어진다면 우리나라는 어떻게 달라질까?

폭탄이다. 수많은 사람들에게 수많은 생각을 불어넣었다. 십인십색(十人十色)의 반응이 나온다. 어떤 사람은 우생학(優生學), 전체주의, 파시즘의 폭력을 보고, 어떤 사람은 조화로운 일상의 평화를 본다. 사람마다 다르게 본다. 하지만 무언가 보지 않고는 지나갈 수 없다. 얼마나 많은 문학과 영화가 이 샘물에서 이야기의 물을 길어갔던가? 고전은 위험한 책이다. 근원을 보게 만든다. 한번도 생각하지 않았던 방식으로 생각하게 만든다. 화이트헤드는 플라톤을 이렇게 평했다.

> "쉽게 말하자면 서양 철학은 플라톤의 각주를 만들어온 것이라고 할 수 있다. …이 말은 학자들이 그의 작품에서 체계적인 사상들을 끄집어 냈다는 뜻이 아니다. 그의 작품에 근원적 사상들이 풍부하게 들어 있다는 뜻이다."

우리가 고전을 읽는 것은 완벽한 답을 얻을 수 있어서가 아니다. 근원을 볼 수 있어서다. 우리를 생각하게 만들기 때문이다. 당연하게 여기던 것들에 질문을 던지며 잠 못 들게 만들기 때문이다. 그것을 정말 실현할 수 있느냐는 중요한 것이 아니다. 근본부터 다르게 생각해보는 것이 중요하다. 그 그림의 본질을 가슴에 품고 부딪히고 도전해보는 것이 중요하다. 그것을 통해 모든 것을 다시 생각하고 혁명의 실마리를 찾을 수 있다면 당장의 현실성보다 이론과 상상이 더 중요하다. 미켈란젤로가 만든 다비드상의 실존 인물이 눈 앞에 없다고 해서 그 작품의 위대함이 사라지는 것은 아니다. 작품을 볼 때마다 우리는 인간을 생각하고 인간의 위대함과 아름다움을 생각하게 된다. 플라톤은 『국가』 뒷부분에서 소크라테스의 입을 빌어 이렇게 말한다.

"아마도 그 나라는 모델로서 하늘에 자리잡고 있겠지. 누구나 원하면 그 나라를 보고 그 나라를 품고 살 수 있게 말이네. 그 나라가 어디에 있는지 또는 실현가능한지는 중요하지 않네. 그는 오직 그 나라의 정치를 하지, 다른 나라의 정치는 하지 않을 테니까 말이야."

고전을 읽으면 오히려 이 시대의 상위 1% 욕망에서 멀어진다. 시대가 잊고 있던 참된 인생에 대한 열망이 꿈틀거린다. 누구도 빼앗을 수 없는 질문과 이상(理想)이 가슴에 새겨지기 때문이다.

모든 지혜의 근원

고전은 근원이다. 이 모든 흔들림은 고전이 근원의 텍스트이기 때문에 벌어지는 일들이다. 고전에 대해 수많은 정의를 내릴 수 있지만 모든 정의는 하나의 정의에서 만난다. 근원! 고전의 다른 모든 정의와 위력이 여기서 하나씩 흘러나온다.

고전은 뿌리다. 근원의 문제를 다루는 동시에 근원이 된다. 고전 읽기는 뿌리 찾기다. 셰익스피어는 얼마나 많은 이야기의 뿌리가 되는가? 집안의 반대, 애끓는 사랑과 오해에 얽힌 이야기는 문학과 영화에서 TV 막장 드라마까지 단골 소재다. 어디서든 거슬러 올라가면 『로미오와 줄리엣』이 있다. 가부장제의 뿌리를 보고 싶으면 『리어왕』을 보면 된다. 셰익스피어는 인생을 안다. 남녀 갈등, 세대 갈등을 탁월하게 그린다.

고전은 샘물이다. 근원에서 마르지 않는 창조의 샘이 솟는다. 소설가 앙드레 지드는 어떤 글을 쓰든지 중요한 모티브는 항상 그리스 로마 신화에서 찾았다고 말했다. 역사상 가장 탁월한 기독교 설교자로 불리는 찰스 스펄전은 『천로역정』을 이렇게 말한다.

> "나는 『천로역정』을 적어도 100번 이상 읽었다. 읽고 또 읽어도 지루하게 느껴진 적이 없다. 그렇게 늘 새로울 수 있는 비밀은 이 책이 성경에서 나오는 이야기로 가득 차 있기 때문이다."

위대한 설교자는 『천로역정』에서 물을 길어오고, 『천로역정』은 성경에서 물을 길어왔다. 등장인물이 정신없이 등장하는 영화 『어벤져스』의 감독 조스 웨던은 셰익스피어의 『헛소동』에서 영감을 얻어 영웅들의 대소동을 잘 엮어낼 수 있었다.

고전은 예언이다. 근원의 샘에는 불변하는 것들이 모여 있다. 인간의 본성이 거기 있고, 충돌과 변화의 원형들이 거기 있다. 기술은 변하지만 인간은 변하지 않는다. 고전을 보면 미래가 보인다. 『명심보감』에 "미래를 알고 싶으면 먼저 과거를 살피라 했다(慾知未來 先察已然)". 피터 드러커는 지식혁명의 미래를 탐구하려고 철도혁명을 연구했다. 인간의 지경(地境)이 넓어진 면에서 본질적으로 같은 일이기 때문이다. 과거를 연구한 사람은 미래를 본다. 디지털 시대에 소문과 평판이 어떻게 될지 궁금하면 『주홍글씨』만한 보물이 없다.

고전은 폭탄이다. 혁명이다. 위험하고 위대하다. 고전은 생각없이 일상을 살던 사람에게 출생의 비밀을 알려준다. 잊었던 근원을 찾을 때 개인이 폭발하고 시대가 폭발한다. 르네상스는 그리스 로마의 책들에서 불꽃을 가져왔다. 종교개혁은 어거스틴에게서 불꽃을 가져왔고 어거스틴은 바울에게서 불꽃을 가져왔다.

고전은 가시다. 훈련이다. 근원의 거울을 비춘다. 불편하게 만든다. 다시 또 생각하고 생각하게 만든다. 소크라테스는 자신을 가리켜 아테네를 잠 못 들게 하는 등에라고 했다. 예수는 세상에 평화를 주러 온게 아니라 칼을 주러 왔다고 말했다. 듣기 좋은 말만 골라 듣는 것은 고전 읽기가 아니다. 고전을 죽이는 것이다. 소크라테스를 죽이자 아테네도 죽었다. 카프카는 말했다. "머리통에 주먹질을 해대는 책이 아니라면, 왜 읽는단 말인가?"

어떤 책을 읽으면 될까? 무엇이 고전인가? 어떤 분야이든 근원이 되는 텍스트를 선택하면 된다. 참된 근원은 죽지 않는다. 수많은 이야기를 내보내는 수원지(水源地)요, 사상들을 잉태하는 어머니다. 고전은 살아 있다. 오래되었다고 모두 고전이 아니다. 오래되었을 뿐 아니라 오늘도 살아 있다. 오늘도 살아서 말하고 있다. 인생의 액세서리가 아니라 존재의 등불로 다시 보게 되었을 때, 고전은 위험한 책이었다. 위대한 책이었다.

인문학의
재발견

읽을 대상을 찾았다면 이제 읽는 방법을 알아야 한다. 좋은 책을 찾는 것만큼이나 좋은 독서 방법을 아는 것도 중요하다. 옛적길로 가기로 했다. 오래된 책을 본다는 뜻만이 아니다. 책 읽는 방법도 오래된 방법을 따른다는 뜻이다. 감사하게도 동서양의 옛 스승들은 고전 읽으라는 말만하지 않고 어떻게 읽어야 하는지도 알려주었다. 서로 다른 시공간에 살았으면서도 스승들의 독서법은 놀랍게 연결되어 있었다. 그리고 모든 연결은 '인문학(人文學)'이라는 말에서 만나고 있었다.

인간을 아는, 인간이 되는

인문학은 자주 듣는 말이다. 인문고전이라는 말에도 들어가고 인
문대학이라고 말할 때도 쓰인다. 인간을 공부하는 학문을 뜻한다.
인간의 본질과 문제, 사상과 문화를 연구한다. 세부적인 분야로 말
하면 언어, 문학, 철학, 종교, 역사 등이 여기 속한다. 학문의 영역을
크게 구분할 때 사회과학, 자연과학과 대비되는 말이다. 사실 건조
하게 듣고 지나가던 말이었다. 공부와 독서의 나침반을 찾으면서 이
단어를 다시 만났다. 말의 의미와 뿌리를 따라가니 뜻밖에 큰 보물
이 기다리고 있었다.

인문학이라는 단어는 영어의 '휴머니티스'(humanities)를 번역한
것이고 영어는 라틴어 '스투디아 후마니타티스'(studia humanitatis)에
서 유래된 것이다. 스투디아 후마니타티스는 르네상스 시대의 말로
"인간 공부"를 뜻한다. 인간이란 무엇인가, 어떻게 살아야 하는가에
대한 공부였다. 인간다움을 공부하는 것이다. 시간이 지나면서 학문
적인 과목과 분야를 뜻하게 되었지만 뿌리에는 탐구의 기술과 훈련
이 자리잡고 있다. 인간을 아는 공부인 동시에 인간이 되는 공부다.
인간을 공부해서 인간이 되는 것이다.

인간이 되는 공부라면 동서양이 다를 게 없다. 공자의 추구는 참
된 인간이 되는 것이었다. 그가 추구하던 '인(仁)'이라는 말은 구체
적인 정의가 쉽지 않다. 하지만 꿈꾸고 부딪히면 실체가 보이기 시
작한다. 사람은 홀로 존재할 수 없다. 사람과 사람은 연결되어 있다.

다른 사람들과의 관계 속에서 사람구실을 하는 것이 인(仁)이다. 인(仁)은 인간다움이다. 공자의 방랑은 뜻을 펼칠 곳을 찾는 동시에 인간다운 인간을 찾아다니는 여정이었다.

"성인(聖人)을 만나볼 수 없다면, 군자(君子)라도 만나볼 수 있으면 좋겠다. …선한 사람을 만나볼 수 없다면, 한결같은 사람이라도 만나볼 수 있으면 좋겠다. 없으면서 있는 척하고, 비었으면서 가득 찬 척하며, 가난하면서 부유한 척하면, 한결같은 마음으로 살기 어렵다."

사람이 되는 것은 거창한 학문의 일이 아니다. 우리는 사람으로 태어나 사람으로 살면서도 여전히 사람이 되지 못했다고 생각한다. "철들었다"고 말할 때, "사람 구실을 하라"고 말할 때, "사람이 그러면 쓰나"라고 말할 때 우리는 우리도 모르게 공자의 길을 따르는 것이고 인문학을 하는 것이다. 윤동주의 시에 나오는 동생과의 대화는 모두의 마음에 있는 어렴풋한 그 무엇됨이다.

"발걸음을 멈추어
살그머니 애띤 손을 잡으며
「너는 자라 무엇이 되려니」
「사람이 되지」
아우의 설운 진정코 설운 대답이다."

훈련으로서의 독서

르네상스 시대의 인간 공부(스투디아 후마니타티스)는 구체적으로 어떤 방식이었는가? 그리스어와 라틴어 고전을 읽으면서 문법, 수사(修辭, rhetoric), 역사 등을 공부하는 일련의 과정이었다. 크게 두 종류의 공부였다. 하나는 고전 읽기였고 다른 하나는 세부 과목 공부였다. 오늘날 교육은 이 둘을 떼어냈다. 고전 읽기는 아예 사라졌고 과목별 공부만 남았다. 하지만 처음에 이 둘은 하나였다. 인간 연구의 세부 주제를 고전 읽기에서 끄집어냈다. 그리고 그 주제 연구를 기반으로 고전을 다시 깊이 파고들었다. 고전에서 문법을 끌어내고 문법으로 다시 고전을 파헤치는 식이었다. 단순히 고전을 읽자는 구호로 끝나는 것이 아니었다. 세부 과목은 일종의 독서법 훈련이며 열매였다. 독서와 독서법 훈련이 서로를 상승시키는 구조였다. 고전을 경이로운 지식의 보고(寶庫)로 보는 동시에 지성의 훈련장으로 보는 방식이었다. 르네상스 시대가 꽃필 수 있었던 것은 이런 깊고 체계적인 고전 문헌 연구가 있었기 때문이었다.

자유의 기술

스투디아 후마니타티스의 뿌리를 더 거슬러 올라가자 공부는 과목별 공부가 아니라 기술과 훈련이라는 것이 더 구체적으로 모습을 드러냈다. 스투디아 후마니타티스는 그리스 로마 시대 이래의 교육 방식인 '아르테스 리베랄레스'(artes liberales)에 뿌리를 두고 있다. 영어로 '리버럴 아츠'(liberal arts)로 번역되는 말이다. 우리말로는 보통 '교양 과목'으로 번역하지만 직역하면 자유의 기술을 뜻한다.[8]

그리스와 로마 시대에 자유라는 말은 정신적인 자유, 인간다움의 경지에 올라선 것을 뜻했다. 하지만 동시에 노예와 대비되는 자유인이라는 뜻도 가지고 있었다. 자유의 기술이라는 말은 두 가지 뜻을 모두 담고 있었다. 우선은 지배층인 '자유인의 기술'이라는 뜻이다. 자유인들이 시민사회의 일원으로 살아가고 지도자로 살아가기 위해서 기본적으로 갈고 닦아야 하는 기술인 것이다. 시민이 될 것도 아니고 지도자가 될 것도 아닌 사람은 배울 필요도 없고 배울 수도 없다는 배타적인 뜻이다. 또 다른 뜻은 '생각의 자유를 주는 기술'이라는 뜻이다. 인간이 인간다워지려면 주체적으로 생각할 수 있어야 한다고 그리스 로마 사람들은 믿었다. 그러한 자유 상태에 도달하기 위한 훈련으로 자유의 기술을 설계한 것이다. 각자 어떤 직업을 가지든지 상관없이 기본적으로 배워서 삶의 기반으로 삼기를 원했다. 지배층의 공부라는 신분제 사회 구분을 오늘에 적용할 필요는 없다. 하지만 자유 정신을 향한 공부라는 측면은 인간다움의 길로서 적극적으로 붙들어야 한다. 누가 누구를 물리적인 노예로 부리는 사회가 아니라해도 인간 정신의 해방은 인간 모두에게 주어진 필요이기 때

---

8 •   한영사전에서 '인문학'을 찾으면 humanities와 liberal arts가 모두 있다. 번역할 때 의미를 잘 모르거나 혼동하는 사람들이 많지만 그래도 이 둘이 인문학의 이름 아래 연결되었다는 것이 어휘 풀이에 나타나 있다.

문이다.

그리스 로마 사람들이 추구한 자유의 기술은 2단계 총 7학과로 구성되어 있다. 1단계는 문법, 논리(변증), 수사의 기술을 배우는 것이다. 세 가지 길이라는 뜻으로 삼학과(trivium, 트리비움)라고 불렀다. 2단계는 산술, 기하, 천문, 음악을 배운다. 네 가지 길이라는 뜻으로 사학과(quadrivium, 쿼드리비움)라고 불렀다. 자유의 기술에서 핵심은 삼학과였다.

공부는 대화다

지식은 사람과 같다. 그리스 로마 사람들은 그렇게 생각했다. 만약 우리가 공자와 함께 주유천하(周遊天下)를 하던 제자라고 해보자. 공자에게 어떻게 배울 수 있는가? 어떻게 그의 지식을 나의 지식으로 전수받을 수 있는가? 대화를 통해서 배울 수 있다. 시작은 스승의 이야기일 것이다. 우리는 그의 문장과 어휘를 들으면서 내용을 파악할 것이다. 이야기 순서와 흐름을 따라 이해가 깊어지고 앞뒤가 맞는 이야기인지 생각하게 될 것이다. 마음이 찌릿할 때는 눈물을 훔치기도 할 것이다. 궁금한 것이 있으면 질문할 것이다. 배움에는 내 몫의 일이 더 많을 것이다. 들었던 것을 되새기며 익히는 과정이 필요하고, 배운 대로 실천하며 부딪히는 날이 이어질 것이다. 그리고 다시 스승을 찾아갈 것이다.

아쉽게도 지금 공자는 세상에 없다. 그러면 오늘날에는 공자를 어떻게 배울 수 있는가? 우리에게는 『논어』라는 책이 있다. 공자에게 듣는 것과 『논어』를 읽는 것은 완전히 다른 일인가? 그렇지 않다. 각각 장단점이 있고 차이가 있지만 기본적으로 같은 방식이다. 『논어』의 문장을 읽으면서 이야기 순서와 흐름을 볼 것이고, 앞뒤가 맞는지 생각할 것이고, 감동을 느끼기도 할 것이다. 스승이 우리 곁에 있든 없든, 책 형태로 존재하든 장인(匠人)의 몸에 배어 있든, 지식은 사람과 같다. 언어적으로 접근할 수 있는 체계로 되어 있다. 외국어든 수학이든 건축이든 캠핑이든 수영이든, 모든 지식은 다 마찬가지다.

세 가지 배움의 도구
....

자유의 기술 삼학과는 의사소통의 기술이다. 모든 지식을 사람처럼 보고 언어적으로 접근한다. 문법, 논리, 수사 세 가지 도구를 통해 어떤 지식이든 이해하고 판단하고 활용할 수 있다고 본다. 특히 라틴어와 라틴어 고전을 대상으로 연마했지만 모든 분야에 적용할 수 있는 배움의 기술이자 생각의 도구였다.

우선 문법이다. 모든 지식에는 문법이 있다. 영어나 일본어 공부에서 말하는 그 문법 그대로다. 그러나 언어에만 문법이 있는 게 아니다. 지식마다 기본 규칙과 틀이 있다. 필수 어휘가 있다. 기본적으로 이해의 대상이 아니다. 이해는 나중 일이다. 있는 그대로 받아들이고 몸에 배이게 하는 게 우선이다. 때로는 외워야 한다. 자동차의 원리를 이해하지 못해도 브레이크를 밟으면 멈추고 액셀러레이터를 밟으면 속도가 나는 것은 알아야 한다. 공부는 문법 공부에서 시작된다.

다음은 논리다. 모든 지식에는 논리가 있다. 문법으로 들은 것을 적용하고 바꿔보면서 논리적으로 따진다. 항목과 항목 사이의 관계를 논리적으로 파헤친다. 이야기 흐름을 보면서 앞뒤가 맞는 말인지 검토한다. 이 과정에서 이해하고 분석하고 판단한다. 문법 공부의 다음은 논리 파악이다.

마지막으로 수사다. 모든 지식에는 수사가 있다. 표현되고 감동되는 전달 방식이다. 지식의 전달자와 수용자, 책의 저자와 독자 사이에 교감이 일어난다. 지식이 내면으로 들어온다. 자기 것이 된다. 자유로워진다. 스승의 지식이 제자에게 넘어오고 제자는 자신의 색깔을 입혀서 다시 표현하고 발산한다. 공부의 마지막은 교감과 표현이다.

영어 공부를 한다고 단순하게 생각해보자. 자유의 기술을 따라 공부한다면 시작은 문법과 기본 어휘 공부다. 그런 다음 독해를 공부하면서 논리적으로 이해하고 판단하는 연습을 한다. 마지막은 영작과 스피킹이다. 자유롭게 표현할 수 있어야 언어 공부를 제대로 했다고 말할 수 있다. 물론 자유의 기술과 언어 공부에는 더 깊은 이야기가 많지만 단순하게 말하면 이런 순서가 된다.

지식은 사람이고 공부는 대화다. 자유의 기술 삼학과는 지식을 만나고 훈련하는 원리다. 우리는 누군가의 이야기를 들을 때, 그의 말이 어법에 맞기를 기대하고, 앞뒤가 맞는 말이기를 기대하고, 표현을 잘해주기를 기대한다. 지식도 마찬가지다. 체계가 있어야 하고 논리가 있어야 하고 마음에 와닿아야 한다. 자유의 기술은 그 원리를 따라 배우게 한다. 특정 과목이 아니다. 무엇이든 배우는 기술이다. 지성의 습관으로 삼을 훈련이다. 책을 읽을 때 강의를 들을 때 논쟁을 할 때 언제나 적용할 수 있다. 자유의 기술에서는 기본 원리인 삼학과를 훈련한 후에 구체적인 영역에서 발전시키기 위해 사학과를 배운다. 숫자계산, 도형, 천문, 음악이라는 영역에서 문법, 논리, 수사를 실전적으로 연마하는 것이다. 이렇게 2단계 7학과를 묶어서 자유의 기술이라고 불렀다. 어린 시절에 기본 기술로 연마하기 때문에 자유인 모두의 '교양 과목'이다. 나이를 먹고 구체적인 직업 분야가 결정되면 '전공 과목'으로 넘어간다. 교양은 모두의 것이지만 전공은 각자의 것이다.

문법, 논리, 수사는 지식을 배우는 세 가지 도구지만 사람의 지적 성장과도 관련이 깊다. 외우고 노래하는 성격의 문법은 초등학생 나이에 어울리고, 따지고 덤비는 성격의 논리는 중학생 나이에 어울린다. 가슴으로 울고 웃는 성격의 수사는 고등학생 나이에 어울린다. 삼학과 방식의 공부는 인문교육(liberal eduction, 교양교육), 고전교육(classical education, 고전적 교육)[9] 등으로 불리면서 꾸준하게 관심이 이어져 오고 있다.

---

9 •   "고전교육(classical education)"이란 말은 오해하기 쉽다. 고전을 가르치는 교육이라는 뜻이 아니다. 고전적인 교육, 전통적인 교육이라는 뜻으로서 인문학 교육을 말하는 것이다. 교육 내용이 고전 독서와 관련이 있는 것은 분명하지만 용어의 뜻은 다르다. 이 책에서는 인문교육과 고전교육을 큰 틀에서 같은 뜻으로 본다.

독서와 자유의 기술

   자유의 기술은 무엇보다 독서에서 힘을 발휘한다. 기본 목표 자체가 고전을 읽고 훈련하는 것이기 때문이다. 하지만 아쉽게도 자유의 기술을 활용한 독서법을 구체적으로 말하는 자료가 많지 않았다. 가장 오래되고 깊이 있는 독서법이었지만 실제적인 적용 안내가 약해서 아쉬웠다. 다른 독서법들도 있었지만 바꾸고 싶지 않았다. 다른 독서법들도 동기 부여에서는 좋은 내용들이 많았지만 실제적인 면에서는 약했다. "고전을 읽자"가 아니라 "고전을 이렇게 읽자"가 필요했다. 더구나 혼자 읽는 것이 아니라 가족이 함께 읽어야 했다. 체계적이고 단계적인 방식이 필요했다. "책을 잘 읽었다"고 말하는 것은 구체적으로 단계적으로 어떻게 읽고 어떤 결과에 도달했다는 뜻인가? 함께 읽으며 길을 인도하는 입장이 되자 독서를 막연한 깨달음의 세계처럼 방치할 수가 없었다. 할 수 있는 선에서 자유의 기술을 독서에 적용해보기로 했다. 가장 믿을 만한 방식이었다. 한걸음 한걸음 단계를 밟아가면서 자유의 기술이 독서법으로서 얼마나 큰 힘을 가지는지 온 몸으로 경험했다. 혼자만의 경험이 아니었다. 함께 읽는 사람들도 마찬가지였다.

   더 놀라운 것은 동양의 옛 스승들도 일맥상통하는 독서법을 말하고 있는 것이었다. 원래 지금 이 책을 구상할 때만 해도 고전 독서법을 별도의 책으로 쓸 생각은 없었다. 우리 가족 학교에서 활용하는 정도로 만족하고 있었다. 그런데 책을 쓰는 중에 독서법 책이 꼭 함께 있어야 한다는 것을 깨달았다. 가족 학교의 핵심이 독서인데 구체적인 독서법을 제시하지 않는다면 막연한 이야기로 끝날 것이기 때문이다. 그래서 지금 책의 집필을 잠시 중단하고『천년의 독서』라는 책을 먼저 썼다. 동서양 스승들에게 배운 독서법을 하나로 연결했다. 좋은 책을 찾고 완전히 소화하는 일까지 독서의 전과정을 담았다. 중심에는 자유의 기술이 있다. 문법-논리-수사 3단계로 책을 읽는다.『천년의 독서』의 핵심은 책을 세 번 읽는 '삼중 독서'다. 1단계 문법 독서에서 책을 관찰하고 개관한다. 2단계 논리 독서에서 따져보고 재구성한다. 3단계 수사 독서에서 사색하고 재창조한다.

인문학의 뿌리를 따라가면서 독서와 공부에 대한 내 생각이 근본적으로 변했다. 첫째, 공부란 인간이 되는 것이다. 인간됨을 배우고 인간됨을 추구한다. 참된 사람을 목표하지 않은 공부는 죽은 공부다. 동물의 공부요 기계의 공부밖에 되지 못한다. 둘째, 독서가 곧 공부다. 공부 따로 독서 따로는 어리석은 분할이다. 독서로 공부해야 사람 공부 세상 공부도 잘 할 수 있다. 셋째, 가장 중요한 전환이 있다. 독서는 두 날개로 이루어져야 한다. 독서와 독서법 훈련이다. 고전 읽기 붐이 고전 소개말 읽기 붐으로 끝나는 이유가 여기 있다. 막상 고전을 직접 읽고 기쁨을 맛보는 사람은 별로 없는 것이다. 고전 독서법이 고전 곁에 없기 때문이다. 인문학의 뿌리가 알려준 것은 고전과 고전 독서법이 하나라는 것이다. 고전은 더 오래된 고전을 깊이 읽은 사람이 쓴 책이다. 저자는 자신이 읽고 배운 원리에 따라 다시 책을 썼다. 그렇게 책을 읽는 원리, 책을 쓰는 원리가 꼬리에 꼬리를 물고 이어졌다. 따라서 고전을 제대로 읽으려면 오랫동안 이어진 독서법에 따라서 읽어야 한다. 서양 전통에 깊숙이 자리잡은 자유의 기술과 삼학과 독서법을 모르면 서양 고전을 제대로 읽을 수가 없다. 동양도 마찬가지다. 동아시아 전통에 깊숙이 자리잡은 경전독법의 원리를 모르면 깊이 들어갈 수가 없다. 『논어』와 『맹자』가 통하는 것은 단지 내용이 이어져서만이 아니다. 같은 방식으로 공부한 사람들의 글이기 때문이다.

천년의 시간표

동서양 옛 스승들이 알려주었다. 공부란 결국 위대한 생각을 만나는 것과 위대한 생각을 훈련하는 것으로 이루어진다. 『논어』를 통해 공자를 만나는 것과 함께, 공자처럼 읽고 공자처럼 생각하고 공자처럼 말하고 살아가는 훈련을 하는 것이 있어야 한다. 독서는 사랑의 대화인 동시에 대화의 훈련이다. 교육의 두 날개는 단순하다. 시간표에 딱 2교시 수업만 있으면 된다.

　　1교시: 위대한 생각 만남-고전 독서
　　2교시: 위대한 생각 훈련-독서법 훈련(공부법 훈련)

천년을 이어온 위대한 시간표다. 두 가지 수업이 있다. 고전 독서와 독서법 훈련(공부법 훈련)이다. 이것이 인문교육(고전교육)의 두 날개다. 교육의 목표도 분명하다. 수업을 통해 위대한 사람이 되어 가는 것이다. 물론 여기서의 '위대함'은 세상의 칭송이나 남과의 비교를 말하는 것이 아니다. 본래의 자신을 찾고 자신만의 잠재력을 탁월하게 꽃피우는 것이다.

위대한 시간표 1교시는 모든 가족에게 주어진 소명이라고 나는 믿는다. 자녀가 공교육을 받든 대안교육을 받든, 나이가 어리든 많든 상관없이 모든 가족이 회복해야 하는 시간이다. 가족 학교 90분의 자리다. 가족 학교의 핵심이다.

위대한 시간표 2교시는 더 모험적인 가족들의 선택이다. 2교시는 더 많은 시간과 노력이 필요하다. 교육과 생활 시스템 자체를 바꾸어야한다. 학습과 훈련과 진로에서 과감한 도전을 하고 그 경험으로 다른 가족과 학교들을 섬기기 원하는 사람들의 선택이다.

역사를
따라가는
공부

공부 대상을 알았고 공부 방법을 알았다. 이제 마지막으로 하나가
더 필요했다. 공부할 책의 순서였다. 위대한 시간표 1교시 수업에서
위대한 생각들과 만나는 순서라고 할 수 있다. 고전 읽기라고 해서
아무 고전이나 집어들고 되는 대로 읽을 수는 없지 않은가? 꽉 짜인
독서와 공부를 계획할 생각은 처음부터 없었다. 하지만 큰 방향은
필요했다. 자유 여행에도 나침반은 필요한 법이다.

책을 만나는 순서

책 읽는 순서는 다양하게 구성할 수 있다.[10] 우선 주제별로 읽을
수 있다. 만약 '행복'에 관해 간단한 목록을 만든다면, 아리스토텔레

스의 『니코마코스 윤리학』, 맹자의 『맹자』, 세르반테스의 『돈키호테』, 이청준의 『조만득씨』, 박완서의 『그여자네 집』 같은 작품을 함께 읽을 수 있다. 한 저자를 깊이 파고드는 방식도 있다. 이른바 전작 읽기다. 꼬리 물기 독서도 있다. 미리 순서를 정하지 않고 책을 읽으면서 다음 책을 결정하는 것이다. 직접 순서를 정하기 어려우면 믿을 만한 스승의 안내를 따르는 것도 있다. 이율곡은 『격몽요결』에서 동양고전 공부 순서를 안내했다.

> "먼저 『소학』을 읽어 어버이를 섬기고, 형을 공경하며, 임금에게 충성하고, 어른을 공경하며, 스승을 높이고, 벗을 친히 하는 도리에 대해 일일이 자세히 익혀서 힘써 이것들을 실천해야 할 것이다.
>
> 다음으로 『대학』과 『대학혹문』을 읽어 이치를 깊이 연구하는 것, 마음을 바르게 갖는 것, 몸을 수양하는 것, 사람을 다스리는 도리에 대해서 일일이 참되게 알아서 성실히 실천해야 할 것이다.
>
> 다음에 『논어』를 읽어 어진 것을 구하고 자신을 위한 학문을 하며, 심성을 닦는 공부에 대해 일일이 정밀하게 생각하고 깊이 체득해야 할 것이다.

10 • 다양한 독서 프로그램과 추천도서 정보는 다음을 참고하기 바란다. http://gogooma.com/list

다음에 『맹자』를 읽어 의리(義理)와 이(利)를 명확히 판단하고, 사람의 욕심을 막고, 하늘의 이치가 있다는 학설에 대해 일일이 밝게 살펴서 확충해야 할 것이다.

다음에 『중용』을 읽어 성정(性情)의 덕과 옳은 길로 미루어 나가는 공과 천지가 제자리를 얻고 만물이 생육하는 미묘한 이치를 일일이 알아서 여기에 얻는 것이 있게 할 것이다.

다음에 『시경』을 읽어 타고난 성정의 간사하고 바른 것과 착하고 악한 것을 권장하고 경계하는 일들을 일일이 깊이 해석하여 마음속에 저절로 감동되어 이로써 행동에 옮겨 나간다.

다음에 『예경』을 읽어 천지자연의 이치에 따르는 예절에 관한 문장과 사람이 마땅히 지켜야 할 법칙에 관한 제도를 일일이 강구해서 마음가짐과 몸가짐을 세우도록 해야 할 것이다.

다음에 『서경』을 읽어 두 임금〔堯·舜〕과 세 왕〔禹·湯·文·武〕이 천하를 다스린 대경대법에 대해 일일이 요령을 알아 근본을 거슬러 올라가야 할 것이다.

다음에 『역경』을 읽어 길흉, 존망, 진퇴, 소장의 기미에 대해 일일이 관찰하여 깊이 연구해야 할 것이다.

다음에 『춘추』를 읽어 성인이 착한 이를 칭찬하고 악한 이를 벌주며, 잘못하는 일을 억제하고 잘하는 일은 드날리며, 모든 일을 조종하는 그 자세한 말씀과 오묘한 뜻에 대해 하나하나 자세히 연구하여 깨닫도록 해야 할 것이다.

오서오경을 번갈아 가며 많이 읽어 원리를 완전히 이해하여

뜻과 이치가 날이 갈수록 밝아지게 해야 한다. 송나라의 선현
들이 지은 『근사록(近思錄)』에 『가례(家禮)』, 『심경(心經)』, 『이
정전서(二程全書)』, 『주자대전(朱子大典)』, 『어류(語類)』와 그 밖
의 성리학설 같은 것을 틈틈이 정독해서 뜻과 이치가 항상 내
마음에 젖어 들어 어느 때라도 끊어지는 일이 없도록 해야 한
다. 남은 여가에 또한 역사책을 읽어 옛날과 지금의 사건에 대
해 통달하고 사물의 변화에 통달하여 식견을 신장시켜야 할 것
이다. 그리고 이단잡류 같은 바르지 못한 책은 잠깐 동안이라
도 펼쳐 보아서는 안 된다."[11]

이율곡은 입문서로 『소학』을 권한다. 이 글이 『격몽요결』 안에 들
어 있는 내용인 것을 생각하면 『격몽요결』과 『소학』 두 권이 입문서
인 셈이다. 입문서 후에는 사서오경을 차례로 읽는다. 깊이 읽고 또
읽어서 뜻을 밝힌다. 그리고 틈틈히 경전과 관련된 선배들의 책을
보면서 이해를 더욱 풍성히 하고 삶으로 이어지게 하여 배움의 등불
이 항상 빛나게 한다. 그 후에 역사책을 읽으라고 말한다. 유학에서
는 보통 책을 경자사집(經子史集, 경전-제자백가-역사-개인문집)의 네
가지로 분류했다. 경전을 깊이 공부한 후에 역사나 제자백가를 읽도
록 하는 경우를 자주 볼 수 있다. 후대 실학자들은 이 순서 뒤에 실용
적인 책을 더하기도 한다. 경전(사상서) 후에 역사책을 읽는 것은 변

---

11 •   "이이, 〈격몽요결〉, 정후수 옮김, 올재, 74~80쪽.

하는 것과 변하지 않는 것을 가늠하고, 인간의 성공과 실패 이유를 헤아리는 측면에서 지혜로운 순서라고 할 수 있다.

역사와 함께 하는 독서

역사순으로 읽는 방식도 많이 활용된다. 역사순으로 역사와 함께 읽으면 장점이 많다. 책과 저자는 역사와 시대 상황 속에서 태어나기 때문에 책을 더 깊고 풍성하게 이해할 수 있다. 『논어』는 춘추전국시대의 맥락에서 읽지 않으면 세상에서 제일 재미없는 공부 타령집이 된다. 『올리버 트위스트』와 『파리대왕』은 각각 산업혁명과 제2차 세계대전의 맥락에서 읽어야 한다. 역사순으로 읽는 또 하나의 장점은 발전과 변화를 따라 읽을 수 있다는 것이다. 주제별 배치와 다른 관점에서 통찰을 더할 수 있다. 예를 들어 근대 후기에서 현대로 넘어가면서 철학을 읽으면 헤겔과 키에르케고르를 차례로 만나게 된다. 철학은 곧 철학사(哲學史)다. 이전 시대 생각을 비판하는 역사다. 헤겔의 주장을 듣고 키에르케고르의 비판을 들으면 관념론과 실존주의의 주장이 시대 상황과 맞물려 더 생생하게 전해진다. 수학도 역사를 따라 공부하면 간단한 숫자 계산을 끝낸 후에 기하학부터 시작하는 것이 좋다. 수학이 철학과 짝을 이루면서 그렇게 발전하고 깊어졌기 때문이다. 과학이나 수학도 역사와 함께 하면 행간을 읽으며 색다르게 공부할 수 있다.

역사순으로 인문고전을 읽는 방식 중에서 가장 유명한 것 하나는

'위대한 책 읽기 프로그램(Great Books Program)'일 것이다. 교육자인 로버트 허친스와 모티머 애들러가 인문교육을 위해 1930년대에 시작한 것이다. 역사순으로 10년 동안 180권을 읽는 방식이다.[12] 매년 고대에서 근대까지 돌아가면서 1년 단위로 18권씩 읽는다. 1년차에 『소크라테스의 변론』에서 시작해서 『공산당 선언』까지 읽고 2년차에 다시 고대로 돌아가 호메로스의 『일리아스』에서 시작하는 방식이다. 탁월한 프로그램이지만 몇 가지 아쉬움도 있다. 역사순이기는 하지만 시대별 구분 지점과 기준이 고정적이지 않아서 역사 공부나 다른 활동과 체계적으로 엮어서 운영하는 데 한계가 있다. 가장 큰 아쉬움은 서양 고전밖에 없다는 것이다. 외국의 고전 읽기 프로그램이 가지는 어쩔 수 없는 한계다. 동양 고전, 우리 고전이 없다. 우리가 아무리 서양 문화에 영향을 많이 받았다고 해도 서양 고전을 완전히 서양 사람처럼 느낄 수는 없다. 우리 정서와 역사가 배제된 독서는 어쩔 수 없는 거리감과 빈 자리를 두고 진행될 수밖에 없다.

로고스 통합지식 프로그램

우리 학교는 과감하게 가족들이 함께할 수 있는 독자적인 고전 읽기 프로그램을 만들기로 했다. 쉽지 않은 시도였지만 우리에게 맞는

---

12 • 정확히 말하면 180권이 아니라, 180개 선정작(selections)이다. 분량이 많은 책은 나눠서 읽기도 한다.

다른 대안이 없어서 선택의 여지가 없었다. 만들어갈 원칙은 분명했다. 기본 틀과 방향이 있으면서도 언제든 자유롭게 확장할 수 있을 것! 사실 까다로운 조건이었다.

우리는 우선 역사를 따라갔다. 1년 동안 한달에 한 권씩 12개월 12권을 읽는 방식이다. 우선 인류의 발전과 변화에 따라 역사를 4막 12장으로 나누었다. 고대, 중세, 근대, 현대라는 일반적인 구분이 아니었다. 역사를 한 사람의 성장 이야기로 보았다. 특히 지적으로 영적으로 커가는 젊은이를 생각하며 시대를 나누었다.

I. 근원의 시대: ~ BC 500

II. 사상의 시대: BC 500 ~ AD 30

III. 시련의 시대: AD 30 ~ 1600

IV. 통합의 시대: AD 1600 ~ 현재

근원의 시대는 "나는 누구인가?"를 생각하는 시대다. 선사시대(先史時代)와 연결되어 있다. 역사보다는 종교와 철학과 과학이 더 목소리를 높이는 시대다. 기록되지 않은 것들과 재현할 수 없는 것들로 인해 논쟁이 많다. 당연한 일이고 또한 중요한 일이다. 출생의 비밀을 알아야 과거, 현재, 미래를 바로 볼 수 있다. 본질의 질문을 던지는 독서 시간이다. "존재의 근원은 무엇인가?", "인간이란 무엇인가?", "역사란 무엇인가?" 버트런드 러셀처럼 질문하면서 시대를 지나간다.

"인간은 천문학자의 눈에 보이듯이 작고 전혀 중요하지 않은 행성 위로 무력하게 기어 다니는, 불순물이 섞인 탄소와 물로 구성된 조그마한 덩어리에 불과한가? 그렇지 않으면 '햄릿'에 등장하는 고뇌에 찬 존재인가? 혹시 인간은 두 가지 면을 다 지닌 존재인가? 고귀한 삶의 방식과 비천한 삶의 방식이 따로 존재하는가? 아니면 모든 삶의 방식이 다 헛된 것에 불과한가? 만약 고귀한 삶의 방식이 있다면 무엇이 그러한 삶을 이루며, 우리는 어떻게 고귀한 삶을 성취하는가?"[13]

이 시대에는 순서대로 1-기원, 2-인간, 3-역사 이야기가 있다. 각 이야기에 얽힌 책들을 읽는다. 1-기원 이야기에서는 만물의 근원과 본질을 생각하게 하는 책을 읽는다. 『창세기』를 읽을 수도 있고 『길가메시 서사시』나 『변신 이야기』 전반부를 읽을 수도 있다. 3-역사 이야기에서는 역사 전체를 다루는 책이나 역사의 의미를 다루는 책을 읽는다. 필요하면 여기서 메소포타미아 문명의 시작에서 그리스-페르시아 전쟁 직전까지의 3500년 역사도 다룬다.

사상의 시대는 자신의 생각을 정립하는 시대다. 인류는 이 시기에 사상을 세웠다. 인류의 큰 사상과 스승들은 모두 BC 5세기부터 500년 동안에 나왔다. 서양에서는 소크라테스, 플라톤, 아리스토텔레스가 그때였고, 동양에서는 공자, 맹자에서 석가모니까지 모두 그때였

---

13 •　버트런드 러셀, 『러셀 서양철학사』, 서상복 옮김, 을유문화사, 18쪽.

로고스 통합지식 프로그램

시대	연대	이야기	주제	십진분류 (KDC)	1년차 독서(예)
I. 근원의 시대	~ BC 500	1. 만물의 근원과 본질	기원	000(총류)	『창세기』
		2. 인간의 빛과 어둠	인간	800(문학)	『파리대왕』
		3. 문명의 시작과 역사	역사	900(역사)	『곰브리치 세계사』
II. 사상의 시대	BC 500 ~ AD 30	4. 그리스와 서양사상	철학	100(철학)	『변론』,『크리톤』
		5. 중국과 동양사상	윤리	100(철학), 140, 150, 190	『논어』
		6. 유대교와 기독교	종교	200(종교), 230	『요한복음』
III. 시련의 시대	AD 30 ~ 1600	7. 로마제국	충돌	300(사회과학)	『쿠오 바디스』
		8. 중세의 장막	시험	300(사회과학)	『신곡: 지옥편』
		9. 르네상스와 종교개혁	개혁	700(언어)	『아동교육론』
IV. 통합의 시대	AD 1600 ~ 현재	10. 이성의 물결	과학	400(자연과학)	『방법서설』
		11. 혁명의 제국들	제국	500(기술과학)	『올리버 트위스트』
		12. 다시 만난 세계	도전	600(예술)	『백범일지』

다. 500년 사상들의 외침이 끝날 무렵 예수도 등장했다. 이 시대에
는 4-철학, 5-윤리, 6-종교 이야기를 따라 순서대로 책을 읽는다.

시련의 시대는 사상과 현실 사이에서 갈등과 극복이 일어나는 시
대다. 동서양 가릴 것 없이 나라가 나라를 삼키고 사상과 사상이 충
돌한다. 욕망이 속삭이고 권력이 짓누른다. 물질과 영혼, 세속과 신
앙 사이에서 갈등한다. 긴 터널 끝에서 부활과 혁명이 일어난다. 로
마제국에서 르네상스와 종교개혁까지 역사의 파노라마가 펼쳐진
다. 중국은 한나라에서 명나라까지 이어지고, 우리 민족은 삼국시대

와 고려를 지나 이성계와 정도전의 꿈이 펼쳐진다. 이 시대에는 7-충돌, 8-시험, 9-개혁 이야기를 따라 순서대로 책을 읽는다.

통합의 시대는 "우리는 어떻게 살아야 하는가?"를 생각하는 시대다. 과학에서 정치까지, 폭발하는 혁명의 파도를 타고 세계가 다시 만난다. 빛과 어둠이 교차한다. 괴물이 된 제국들이 전쟁을 벌인다. 잿더미가 하늘을 뒤덮는다. 어둠 사이로 태양빛이 내린다. 사람들이 서로를 보기 시작한다. 질문한다. 그러면 우리는 어떻게 살 것인가? 이 시대에는 10-과학, 11-제국, 12-도전 이야기를 따라 순서대로 책을 읽는다.

독서 기간은 얼마든지 조정할 수 있다. 4막 12장을 꼭 12개월에 끝낼 필요는 없다. 12주로 갈 수도 있고 12년으로 만들 수도 있다. 4막을 각각 1년씩 잡아서 4년으로 갈 수도 있다. 어떤 경우에는 책 한 권으로 한 시대를 보낼 수도 있다. 플라톤의 『국가』나 빅토르 위고의 『레 미제라블』은 긴 시간이 필요하다.

살아 있는 커리큘럼

"로고스 통합지식 프로그램"이라 이름 붙인 우리 커리큘럼은 역사와 함께 주제별 연결도 가능하게 구성했다. 각 시대와 이야기는 주제를 담고 있다. 사상의 시대에서 철학, 윤리, 종교는 그 자체로 주제별 확장이 가능하다. 관련된 십진분류(KDC)도 함께 연결해두었다. 독서와 공부는 살아 있는 것이다. 가다보면 더 머물고 싶을 때도 있고 확장하고 싶을 때도 있다. 이런 변화를 위해서 커리큘럼을 유연하게 만들었다. 사상의 시대를 더 깊이 살피고 싶다면, 그리스-페르시아 전쟁에서 예수까지의 역사를 연구해도 되고, 십진분류 철학 (100), 종교(200) 분야의 책들을 연결해서 깊은 독서를 할 수도 있다.

나는 커리큘럼이 열린 그릇이 되기를 바랐다. 큰 방향만 잡아주고 그 안에 좋은 책과 공부 주제를 담는 것은 각자의 자유가 더 많기를 바랐다. 처음 1~2년 동안 세계사, 사상사의 관점에서 큰 그림을 보고 나면 각자에 맞게 경제사, 예술사 등으로 독서를 구성할 수도 있고, "인간"과 "과학" 같은 주제로 확장할 수도 있게 만든 것이다. 물론 필요할 경우 중고등학교 교과목과 연결하는 것도 염두에 두었다.

우리는 학년별 교과 방식을 추구하는 것도 아니었고 특정 독서 프로그램에 모든 것을 맡길 것도 아니었다. 기본 프로그램을 가지면서도 언제든 상황에 맞게 변화를 줄 수 있어야 했다. 이런 면에서 로고스 통합지식 프로그램은 우리가 할 수 있는 최선의 구상이고 최선의 도구였다.

로고스 고전학교,
촛불을 켜다

탐험할 장소와 도구 그리고 나침반이 모두 준비되었다. 이제 모험을 떠날 차례였다. 우리는 학교 이름을 "로고스 고전학교"라고 부르기로 했다.

우리 학교는 고전 학교였다. 고전 읽는 학교, 옛적길을 기뻐하는 학교를 꿈꾸었다. 우리 학교는 또한 로고스(logos) 학교였다. 옛적길들 가운데 선한 길을 찾는 학교였다. 고전을 읽고 진리와 자유를 배우는 친구들이 되기를 소망했다. 진리 학교, 자유 학교를 그렸다.

로고스의 길
....

로고스(λόγος)는 그리스어로 말이나 이야기를 뜻한다. 말은 생각의 표현이기에 로고스는 논리, 이성, 원칙을 뜻하기도 한다. 옛 철학자들은 이것을 개념화해서 만물을 움직이는 원리를 로고스라고 불렀다.

사형을 앞둔 소크라테스에게 죽마고우 크리톤이 찾아와서 탈옥을 권했다. 애초부터 부당한 판결이었다. 사람들의 입방아를 생각하고, 걱정하는 친구들을 생각하고, 남겨질 아이들을 생각한다면 탈옥이 더 맞는 것 아니겠는가? 소크라테스는 이렇게 대답한다.

"우리는 자네의 조언을 따라야 할지 말아야 할지 고찰해봐야 하네. 나는 지금만 그런 것이 아니라 언제나, 곰곰이 따져본 결과 가장 훌륭하다고 생각되는 원칙 말고는 내게 속한 그 어떤 것도 따르지 않는 그런 사람이기 때문일세. 나는 지금 내게 그런 운명이 주어졌다는 이유만으로 내가 전에 받아들였던 주장들을 버릴 수는 없네. 내게는 그 주장들이 전혀 달라지지 않았고 이전과 똑같아 보이네."[14]

여기서 '원칙'으로 번역된 말이 로고스다. 소크라테스의 삶에는 빛나는 나침반이 있었다. 이성적으로 곰곰이 따져보고 가장 훌륭하다고 결론 내린 '원칙'이 인도자였다. 그는 원칙주의자였다. 다른 것들은 그를 흔들 수 없었다. 하지만 귀막은 보수주의자는 아니었다. 새로운 만남과 상황이 오면 기존 원칙을 다시 따져보았다. 더 올바

14· 플라톤, 『소크라테스의 변론, 파이돈, 크리톤, 향연』, 천병희 옮김, 숲, 81쪽.

른 것이 있다면 언제든 바꿀 준비가 되어 있었다. 그는 생존하는 인생이 아니라 생생한 인생을 살기 원했다. 그에게 중요한 것은 되는 대로 사는 것이 아니라 훌륭하게 사는 것이었다. 사느냐 죽느냐 그것이 문제가 아니었다. 바르냐 아니냐가 문제였다. 그에게 훌륭한 것은 아름다운 것이었고 아름다운 것은 정의로운 것이었다. 원한을 숨긴 가짜 정의가 아니라 따뜻하고 아름다운 정의를 품고 독배(毒盃)를 마실 수 있었던 것은 그에게 로고스가 있었기 때문이다. 그는 감옥에 있었지만 정의로웠다. 자유로웠다.

로고스는 훗날 요한이라는 사람이 쓴 편지에도 등장한다.

> "이 글은 생명의 말씀에 관한 것입니다. 이 생명의 말씀은 태초부터 계신 것이요, 우리가 들은 것이요, 우리가 눈으로 본 것이요, 우리가 지켜본 것이요, 우리가 손으로 만져본 것입니다. 이 생명이 나타나셨습니다."[15]

여기서 '말씀'으로 번역된 말이 로고스다. 요한은 자신이 만난 예수를 이렇게 소개했다. 그는 로고스다. 태초부터 있었다. 영원한 생명의 존재이며 하나님을 드러내는 말씀(divine expression)이다. 요한에게 있어 로고스는 무슨 법칙이나 이론이 아니었다. 눈으로 보고 듣고 만져볼 수 있는 생생한 존재였다. 질문하고 부딪히고 사랑할

---

15 • 『표준새번역』, 대한성서공회, 요한일서 1:1-2.

수 있는 존재, 함께 울고 함께 웃으며 끌어안을 수 있는 존재였다. 요한이 사람들에게 편지를 쓴 이유는 로고스 철학 강의, 로고스 종교 강의를 하고 싶어서가 아니었다. 자신이 경험한 로고스와의 사귐과 사랑 속으로 초청하고 싶어서였다. 우리는 우리 학교에 이런 진리의 살아 있음이 있기를 바랐다. 진리는 없고 진리 의지만 있는 학교가 아니기를 바랐다.

소크라테스의 말을 중국어로 번역한 사람들은 우리말 번역과 비슷하게 '방안(方案)', '원칙(原則)' 같은 단어를 사용했다. 중국어 성경(Chinese Union Version)은 요한의 편지를 이렇게 번역했다.

"태초부터 존재했던 생명의 도(生命之道)에 관해 말하려 합니다"

여기서 '도(道)'로 번역된 말이 로고스다. 길에서 시작하여 도리, 이치, 근원 등을 뜻하는 도(道)라는 단어만큼 로고스에 적당한 번역이 없다고 본 것이다. 길은 인간의 존재적 단어다. 출근길, 출세길, 혼사길, 인생길, 골목길, 지름길, 뒤안길, 오르막길, 꽃길, 곁길, 살길, 외길, 꿈길. 인생에 길 아닌 것이 무엇인가? 숨만 쉬어도 숨길(氣道)로 통하고, 눈만 깜빡여도 눈길이 열리지 않는가? 도는 옛 스승들에게도 평생의 추구였다. 공자는 도에 살고 도에 죽었다. 아침에 도를 들으면 저녁에 죽어도 좋다고 했다(朝聞道 夕死可矣). 참된 도를 향한 굳건한 믿음과 뜨거운 공부가 있었다. 목숨 걸고 그 길을 지켰다(篤

信好學 守死善道). 그에게 있어 도는 찾을 것이고 배울 것이고 지킬 것이고 펼칠 것이고 함께 죽어야 할 것이었다. 그의 아침이며 한낮이며 저녁이었다. 존재 의미요 방향이었다. 길이 곧 친구였고 스승이었다. 우리는 우리 학교에 이런 추구와 열망이 피어나길 바랐다. 진리를 찾고 재능을 찾고 꿈을 찾고 짝을 찾는 기쁨을 아는 학교이길 바랐다.

로고스 고전학교는 기독교 정신을 가진 학교다. 기독교를 진리로 믿는다. 하지만 그것은 기독교를 주입하는 학교, 강요하는 학교를 뜻하는 것이 아니다. 추구하는 학교다. 추구한다는 것은 믿고 사랑한다는 뜻도 있지만 정직하게 질문하고 회의(懷疑)한다는 뜻도 있다. 더 확고해질 수도 있고 잘못된 것을 발견할 수도 있다.

중요한 것은 어제 믿었던 것을 생각없이 오늘도 믿는 것이 아니다. 정직하게 질문하고 정직하게 대답하며 걸어가는 것이다. 나와 생각이 다르더라도 누군가 자신의 양심과 믿는 바에 따라 공부의 모험을 떠나고 학교를 세운다면 응원할 일이다. 강요하거나 속이는 것이 아니라면, 정직하고 진실한 추구는 언제나 박수받을 일이다. 중요한 것은 지식이 아니라 태도다. 지식이 잘못된 것은 배우고 고치면 되지만 태도가 잘못된 것은 답이 없다. 공부가 오히려 독이 된다. 어거스틴은 『고백록』에서 태도가 잘못된 사람들의 문제를 이렇게 지적한다.

"그들은 진리를 사랑하는 것이 아니라 자신들의 견해를 사랑합니다. 그들이 진리를 사랑한다면 다른 사람의 진실한 견해도 자신들의 견해만큼 존중할 것입니다. 내가 그들이 진리를 말할 때 그것을 존중하는 것은 그것이 그들의 견해여서가 아니라 진리이기 때문입니다. 그 견해가 진리라면 그들의 것이 아닙니다. 만약 그들이 어떤 견해를 진리이기 때문에 사랑한다면 그것은 그들의 것이며 또한 나의 것입니다. 왜냐하면 그것은 진리를 사랑하는 모두의 공동 소유이기 때문입니다."

로고스의 꿈

로고스 고전학교는 꿈꾸는 학교다. 고전을 따라 걷는 사람, 가장 훌륭하다고 생각되는 원칙을 따르는 사람, 진리를 사랑하고 즐거워하는 사람, 길을 찾는 기쁨과 추구로 가득한 사람. 그런 사람을 꿈꾸고 그런 사람들의 공동체를 꿈꾼다.

우리는 또한 섬기는 학교가 되기를 바랐다. 공자는 리더가 도를 배우면 사람을 사랑하게 된다고 했다(君子學道則愛人). 우리만 잘되는 게 목적이라면 가족 학교는 아예 시작하지 않는 게 좋을 것이다. 이런 바보 같은 투자가 어디 있는가? 출세길에서 멀어지고 돈벌이도 줄어드는데, 당장의 성공은 꿈꿀 수 없고, 벌써부터 저 앞에 시행착오와 좌충우돌의 시간이 보인다. 이 길에 뛰어드는 이유가 우리만 잘되는 것이라면 애초에 출발하지 않는 게 좋을 것이다. 우리는 다른 청소년과 가족들을 섬기는 학교를 꿈꾸었다. 거대한 서치라이트가 될 수는 없지만 작은 촛불을 켜서 주위를 밝히고 이웃과 나누기 바랐다. 모르던 몇몇이 모여 우리 마을을 조금씩 더 밝힐 수 있다면 그것으로 우리 학교의 존재 이유는 충분했다.

2012년 3월. 로고스 고전학교가 조용히 문을 열었다. 홈페이지가 열렸다. www.LogosAcademy.co.kr 본격적인 수업이 시작되었다. 작고 이상한 학교가 소리없이 촛불을 켰다.

4

식탁에
둘러앉아

어색한
식탁

아들과 단 둘이 거실에 앉았다. 식탁이 되곤 하는 탁자에 마주보고
앉았다. 어색한 침묵이 흘렀다. 둘 사이에 놓인 책들만 애꿎은 시선
을 받고 있었다. 둘째 딸 아이는 다니던 초등학교를 마무리하느라
당분간 가족 학교와 초등학교를 병행하기로 했다. 아내도 하던 일을
마무리할 시간이 필요했다. 작은 회사를 운영하는 나는 어렵게 오전
시간을 확보했다. 밀린 일은 밤에 더 하는 것으로 일정을 조정했다.
당분간 아들과 단 둘이 수업을 해야 한다는 의미였다. 고전 독서와
인문학의 찬란한 꿈이, 의욕만 앞선 아빠와 사춘기 아들의 어색한
조우 앞에서 맥을 못추었다. 아빠를 어려워하는데다 말수가 적은 편
인 아들 녀석도 힘들어했다. 사실 당시에는 잘 몰랐다. 나중에 아들
의 고백을 들었다. 한동안 많이 어색하고 당황스러웠다고.

가르치는 일의 무게도 만만치 않았다. IT 업계에 들어온 이래 수많은 기업을 컨설팅했다. 수많은 사람들에게 강의를 하고 수천 명이 모이는 지식 컨퍼런스와 세미나를 기획하고 기조연설을 했다. 대기업이든 대학이든 누가 찾아오든 큰 걱정이 없었다. 가르치는 일에는 나름대로 자신이 있었다(고 생각했다). 뭐든 주어지면 분석하고 공부해서 답을 찾는 게 나의 일이었다. 그런데 가족 학교는 어려웠다. 너무 어려웠다. 가르친다는 것의 무게가 천근만근이었다. 우리 가족 모두의 인생이 거기 있었다. 미래가 거기 있었다. 슈트를 걸치고 스크린에 멋진 화면을 보여주는 일이 오히려 쉬웠다. 혼자 책 읽고 음악 듣고 감격할 때가 훨씬 더 즐거웠다. 핑계는 있었다. 고전이 어렵다. 사는 게 바쁘다. 세상이 가만두지 않는다. 사람 사이가 뜻대로 풀리지 않는다. 핑계가 되지 않았다. 가족 학교를 안 해도 원래 다 아는 문제들이었다.

부딪히며 배우며

사실 가족 학교를 시작하기 전부터 풀리지 않는 의문이 하나 있었다. 인문학과 대안교육의 부활을 외치는 움직임들이 생각보다 큰 힘을 발휘하지 못하는 것이었다. 어떤 사람, 어떤 모임, 어떤 학교에서는 잠시 빛나지만 계속적인 열매로 이어지거나 다른 곳으로 확장되지 못하는 상황이었다. 나름대로 여러 대답을 가지고 있었지만 마스터키는 발견하지 못하고 있었다. 직접 부딪히기 전에는 찾을 수 없다는 것을 잘 알고 있었다. 이론은 이론이었다. 열차에서 내려 광야에 들어서자 머릿속 이론과 예비 훈련[16]은 뜻밖의 장애물과 걸림돌 앞에서 힘을 쓰지 못했다.

부딪히며 배워갈 일들의 연속이었다. 익숙해지기까지 시간이 필요한 것들이 있었다. 아침마다 가족이 함께 모이는 것, 함께 공부하는 것, 대화하며 배우는 것, 마음을 드러내는 것, 이야기를 듣는 것, 기다리는 것, 질문하는 것, 만물이 연결되어 있음을 잊지 않는 것, 배움을 삶으로 이어지게 하는 것, 각자 일정과 공부를 관리하는 것, 집안 일을 나누어 하는 것, 식사를 챙기고 설거지를 하는 것, 피곤하고 귀찮은 아침이 와도 다시 함께 앉는 것, 다투는 것, 화해하는 것 등이었다. 우리는 단란한 가족이었지만 함께 공부하며 배움의 공동체를 이루는 것은 또 다른 이야기였다. 사랑이 필요하고 인내가 필요했다. 사랑 또한 배워야 했다. 사람을 사랑하는 법, 진리를 사랑하는 법도 다 공부가 필요했다. 걷고 또 걸었다. 좌충우돌은 중심잡는 과정이고 걸림돌을 모으면 돌다리가 된다는 것을 배웠다. 구름 타던 이론이 현실의 땅에 내려오면 삐걱대는 법이다. 이론의 성공은 프로크루스테스처럼 현실을 이론에 끼워맞추는 데서 오는 게 아니다. 이론과 이론 사이에 평범하고 구질구질한 현실의 고리를 연결하는 데서 온다. 사람, 관계, 습관 이런 것들이 진짜 성공의 열쇠인 것이다.

16 • 우리 가족은 아이들이 초등학교를 다닐 때부터 매주 토요일에 다른 가족들과 토요학교를 여는 등 나름대로 가족 학교와 통합 공부 훈련을 했다. 그런데 실전에 들어오자 한동안 맥을 못추고 비틀거렸다.

스승들이 전해준 열쇠

하지만 큰 문제는 여전히 남아 있었다. 시간이 해결할 수 없는 것들이다. 근본적으로 생각이 달라져야 하는 것들이다. 방향과 기본 원리가 되는 문제들이다. 막연하게 시간만 보내면 상황이 더 나빠진다. 차는 절벽에 가까워지고 모래 위에는 불안한 탑이 높아진다.

방법은 하나였다. 시행착오를 겪어가며 옛 스승들에게 지혜를 구하는 것이었다. 고전학교는 원래 그러기로 한 학교였다. 많은 스승들이 도움을 주었지만 처음에 부딪힌 문제의 근원과 해답을 보여준 것은 공자와 마르틴 루터였다. 그들이 보여준 것은 최고 전문가나 첨단 설비나 최신 이론이 아니었다. 낡은 식탁이었다. 밥상이었다. 멋진 강단과 책상이 아니었다. 우리 문제의 열쇠가 식탁에 있었다. 열쇠 덕분에 우리는 지난 여정을 즐겁게 걸어올 수 있었다.

우리는 오늘도 식탁을 사랑한다. 거실을 사랑한다. 공간이 없어서가 아니다. 가장 위대한 교실이기 때문이다. 친구들과 큰 학교를 여는 날이면 우리 학교도 별도 공간에 수십 명이 모여 강의실 분위기로 공부한다. 하지만 언제나 '식탁의 정신'은 지키려고 노력한다. 배움의 혁명은 3D 프린터나 코딩 교육 같은 데서 오는 것이 아니다. 식탁과 거실의 혁명에서 온다. 스승들이 그렇게 말해주었다. 우리 또한 그렇게 믿는다.

부딪히며 배워갈 일들의 연속이었다. 익숙해지
기까지 시간이 필요한 것들이 있었다. 아침마다
가족이 함께 모이는 것, 함께 공부하는 것, 대화
하며 배우는 것, 마음을 드러내는 것, 이야기를
듣는 것, 기다리는 것, 질문하는 것, 만물이 연결
되어 있음을 잊지 않는 것 등이었다.

공자의
식탁

고전을 읽고 가르치는 것이 쉽지 않았다. 문학, 역사, 사상을 오가고 동양과 서양을 오가고 원어와 우리말을 오가고 이상과 현실을 오가며 가르치는 것이 쉬울리 없었다. 그런 학문 분야도 어렵지만, 가장 어려운 것은 실제 우리 가족의 삶이 공부와 실천의 대상이 되는 것이었다.

가르침의 무게와 가족들에 대한 기대가 뒤섞이자 마음이 병들기 시작했다. 소리없이 분노가 쌓였다. 많은 것을 포기하고 이렇게까지 고생하는데 가족들이 내 마음과 속도를 잘 따라오지 못한다고 느끼자 실망스러웠다. 실망은 분노가 되었다. 아무리 포장하고 싶어도 그것은 분노였다. 자신에 대한 실망과 분노, 가족에 대한 실망과 분노. 가련하고 무서운 일이었다.

그때 공자가 찾아왔다. 그는 부드러우면서도 단호한 목소리로 말했다.

"강단에서 내려와라. 친구들과 식탁에 앉아라."

어렴풋이 비슷한 생각을 하면서도 주저하고 있었는데 그는 쐐기를 박았다. 피할 곳이 없었다.

교사는 전달자일 뿐이다

공자는 『논어』 술이편(述而篇)에서 모든 부모, 모든 교사가 명심해야 할 중요한 원리를 알려주었다. 익숙한 구절이었지만 내 상황이 달라지자 의미와 무게가 달랐다.

"옛것을 전해줄 뿐 새로 만들지 않는다. 옛것을 믿고 좋아하는 인생을 산다."(述而不作 信而好古)

교사는 새로 만들어내는 사람이 아니었다. 모든 것을 꿰뚫고 답을 찾아주는 사람이 아니었다. 옛것을 있는 그대로 전해주는 사람이었다. 자신을 지혜와 지식의 원천이라고 소개할 교사는 없을 것이다. 교사는 뭔가를 전해주는 사람일 뿐이다. 전해주기 위해서는 알아야 하지만 그 앎은 완벽한 이해와 통달을 말하는 것이 아니다. 만약 그렇다면 누가 가르치는 자리에 있을 수 있겠는가?

교사에게 필요한 제일 조건(어쩌면 유일 조건)은 자신이 가르치는 것을 "믿고 좋아하는" 인생을 사는 것이다. 가장 어려우면서도 가장 쉬운 조건이다. 자기가 믿고 좋아하는 것을 가르치는 것만큼 즐겁고 행복하고 쉬운 일이 어디 있겠는가? 반대로, 가르치는 대로 살아내고 가르치는 대로 믿고 좋아하는지 보여주는 것만큼 어려운 일이 어디 있겠는가? 믿는 것을, 좋아하는 것을, 살고 있는 것을, 그래서 알게 된 것을, 그래서 더욱 믿게 된 것을 있는 그대로 전달하는 것이 교사다. 그 모든 추구의 대상은 하나다. "옛것"이다. 오래된 것, 역사적인 것, 불변하는 것이다. 공자에게는 옛것이 인생의 중심이고 가르침의 중심이었다. 그렇게 전해주고 그렇게 살아가는 것. 이것이 위대한 스승의 비밀이었다.

교육은 지식 주입이 아니다. 소크라테스는 『국가』에서 교육은 못 보는 사람에게 시력을 주입하는 것이 아니라 시력 있는 사람이 올바른 방향을 보게 해주는 것이라고 말했다. 교육은 영혼의 전환이다. 그런데도 나는 지혜의 바다로 가족을 보내는 게 아니라 내가 만든 우물을 주입하려고 했던 것이다. 말은 아니라고 하면서도 말이다.

얼마나 많은 어른들이 자기 수준의 우물에 아이들을 가두려 하는가? 아이들이 우물 밖에 나갈까봐 또 얼마나 노심초사하는가? 보호라는 이름으로 말이다. 날개를 가진 새에게 필요한 것은 날개 지식의 주입이 아니라 창공을 보는 것이다.

나는 자유를 맛보았다. 나는 부족하고 미약하다. 혜안(慧眼) 따위

를 가진 사람도 아니다. 꿰뚫지도 못하고 부수지도 못하고 세우지도
못한다. 하지만 옛것을 믿는다. 좋아한다. 그리고 가족을 사랑한다.
공자는 그러면 됐다고 말해주었다. 그것이 시작이라고, 그것이 끝이
라고 말해주었다.

가족이 식탁에 둘러앉아 고전을 펼친다는 것은 부모가 (지혜의 원
천인 척하는) 교사 흉내를 그만두겠다는 선언이다. 옛것의 통로가 되
고 옛것을 좋아하는 인생 선배가 되겠다는 선언이다.

교사는 학생일 뿐이다

스승은 치밀했다. 공자는 우리가 고전의 통로가 되겠다고 선언해
도 고전 전문가 행세를 하고 싶은 속성이 우리에게 있는 것을 잘 알
고 있었다. 플라톤 전공자에게도 플라톤이 어렵고 스님에게도 불경
이 어렵고 목사님에게도 성경이 어렵다. 배운 대로 인생을 사는 것은
더욱 어렵다. 그들에게 물어보라. 정말로 잘 알고 있는지. 배운 대로
잘 살고 있는지. 그런데 우리가 모든 것을 꿰뚫고 엮어서 자녀를 가
르치겠다는 것인가? 자녀들 모르게 해설서를 읽고 권위자인 척하면
그게 교육인가? 교사는 강의하는 사람이고 가장 많은 지식과 지혜를
가진 사람이어야 한다는 고정관념을 벗는 것이 쉽지 않다. 이런 부담
을 가지고 교육을 하면 교사는 정답 찾기 강박에 빠진다. 정답을 모
르는 교사는 실패한 교사이고, 정답이 안 나오는 수업은 실패한 수업
이 된다. 수업과 대화는 모두에게 부담스러운 자리가 된다.

공자는 내가 다시 찾아올 것을 알고 있었다. 『논어』 술이편 바로 뒤에서 이렇게 말해주었다.

> "배운 것을 조용히 간직하고, 배우는 것을 싫증내지 않고, 가르치는 것에 게으르지 않는 것, 이 중에 어떤 것이 나에게 있는가?"(默而識之 學而不厭 誨人不倦 何有於我哉)

공자는 자기 반성을 하는 척하면서 내게 물었다.

"너는 너를 뭐라고 생각하느냐? 교사? 그렇다면 교사의 자기 점검표를 주마. 세 가지 질문이 있다. 첫째, 배운 것을 뽐내지 않고 조용히 간직하며 되새길 줄 아느냐?"

"네? 물론 노력은 하지만… 그래도 저는 교사인데요?"

"둘째, 배우는 것을 좋아하느냐? 싫증내지 않고 있느냐?"

"네? 물론 맞아요. 그런데 저는 교사인데 왜 자꾸…"

모두 좋은 학생을 가리는 질문이었다. 역사상 가장 위대한 스승 하나가 교사의 세 가지 덕목을 말해주는 데 두 가지가 학생 이야기다. 교사는 학생이다. 그것이 먼저이며 가장 중요하다. 공자가 가장 위대한 스승인 것은 그가 가장 위대한 학생이었기 때문이다. 둘째 질문이 끝난 후에야 공자는 마지막으로 교사용 질문을 던졌다.

"셋째, 가르치는 일을 잘 준비하고 있느냐? 옛날에 해놓은 거 계속 써먹으면서 대충하고 있는 것 아니냐?"

공자는 잘 가르치느냐고 묻지 않았다. 가르치는 것도 마치 하나의 공부처럼 늘 부지런히 깨어서 노력하고 있느냐고 물었다.

교사는 학생이다. 단순히 "교사도 공부해야 한다"는 정도가 아니다. 우리는 모두 고전 앞에서 학생이다. 식탁 앞에서 스승은 고전뿐이다. 아빠도 학생, 엄마도 학생이다. 어린 사람만 학생이라는 생각 속에는 진학 공부, 취업 공부만이 공부라는 뒤틀린 생각이 들어 있다. 거기서 벗어나려고 가족 학교를 시작했으면서도 아직 덫에 걸려 있었다. 부모가 가르치고 베풀어주는, 자녀들의 학교라는 생각. 그런 그림 속에서 부모는 고귀한 희생자이고 자녀는 철없는 말썽꾸러기로 그려지기 쉽다. 부모는 배운다고 생각하지 않고 베푼다고 생각한다. 불만이 쌓이고 분노가 쌓일 수밖에 없었다.

가족 학교는 모두를 위한 학교다. 무엇보다 부모를 위한 학교다. 세파에 찌들고 지친 영혼, 외롭고 아프지만 소리내지 못하는 영혼, 마음이 돌처럼 굳어버린 영혼에게 변할 기회, 배울 기회를 주는 더없는 자선 교육 기관이다. 가족 학교에서 배우지 못하는 부모는 어디서도 배우지 못할 가능성이 크다. 많은 부모들이 자녀 교육이라는 이름 아래 가정 문제를 자녀 문제로 포장한다. 그렇지 않다. 가정 문제 대부분은 부모 문제, 부부 문제다. 자녀가 바뀌어야 가정이 바뀌는게 아니다. 부모가 바뀌고 부부가 바뀌어야 가정이 바뀐다.

나는 비로소 자유를 얻었다. 아빠는 언제나 교사이고 언제나 답을 주어야 한다는 압박을 내려놓았다. 가족 학교가 나를 위해 만들어진 학교라는 것을 깨달았을 때 아내와 아이들의 사랑과 희생이 보이기 시작했다. 부모는 학생일 뿐이다. 교사는 학생일 뿐이다. 배움의 공동체를 이끈다 해도 학생 회장으로 이끄는 것이다.

부모는 친구일 뿐이다

부모는 친구다. 자녀가 청소년이 되면 달라져야 한다. 어린 자녀에게는 선생님이 필요하다. 무엇을 하고 무엇을 하지 말아야 하는지 알려주어야 한다. 지식의 체계를 세울 수 있게 도와주어야 한다. 옳고 그름의 기준도 잡아주어야 한다. 나중에 자녀들이 커서 그 기준을 조정할 것이고, 그것이 또한 당연하고 올바른 과정이지만, 아무 기준 없이 어린 시절을 보내는 것은 좋지 않다. 엄격함과 따뜻함이 공존하는 선생님의 모습을 아빠 엄마에게 느끼면서 아이들은 자란다.

자녀가 청소년이 되면 부모는 친구여야 한다. 인생 선배여야 한다. 청소년 자녀에게 부모는 더 이상 슈퍼맨이 아니다. 어렸을 때는 초코파이를 한 입에 넣는 것만으로 아빠는 우주 최고의 영웅이었다. 아빠의 면도가 멋있어 보여서 슈퍼마켓에서 면도기를 들고 아빠 흉내를 내는 일은 더 이상 없다. 아이들은 이제 부모 말고도 세상에 선생님이 많다는 것을 깨달았다. 부모의 허점과 오류도 보기 시작했다. 부모와 전혀 다른 주장을 더 멋지게 하는 사람을 만나기도 했다. 더구나 아이들은 한 사람의 인격체로 자기 정체성을 찾아가고 있다. 끊임없이 "왜"라고 물으면서, 생각 없이 건너던 돌다리를 두드리고 있다. "잔말 말고 시키는 대로 해"는 더 이상 통하지 않는다. 그런데도 많은 부모들은 계속해서 영웅으로 군림하고 싶어한다. 나 또한 마찬가지였다. 다른 부모들처럼 아이들에게 좋은 것을 "가르쳐주고" 싶었다. 하지만 어른들이 가르침이라고 부르는 것이 아이들에게는 강요와 폭력이 되기 쉽다는 것을 모든 어른들 역시 어린 시절 경험했다.

늙은 학생, 젊은 학생

모두 학생이다. 부모 학생, 자녀 학생이다. 40대 학생과 10대 학생들이 식탁에 둘러앉아 있다. 40대 학생은 연륜과 경험이 있다. 10대 학생은 신선한 시각과 열정이 있다. 위대한 스승 앞에서 각자의 개성을 드러낸다. 함께 하지 않았더라면 배우지 못할 지혜를 서로에게 배운다.

공자에게는 70여 명의 제자가 있었다. 그중 가장 눈에 띄는 것은 아마 안연(顔淵)과 자로(子路)일 것이다. 둘은 나이 차이가 많았다. 무려 스물한 살 차이였다. 아버지와 아들 뻘이었다. 자로가 선배였다. 스승 공자와 아홉 살 차이밖에 안 날 정도로 나이가 많았다. 안연은 공자에게 가장 칭찬받는 제자였다. 학문과 삶 모두에서 흠잡을 데가 없었다. 공자의 인재상에 가장 걸맞는 제자였다. 자로는 핀잔듣는 제자였다. 성격이 급했다. 하지만 자로는 인생을 알았다. 먹고 사는 일의 수고로움을 알고 있었다. 사람들은 안연의 인품을 더 높이 평가하지만 어떤 면에서 안연에게는 젊음이 가진 순수의 힘도 있었다. 자로는 현실을 알아버린 학생이었다. 때로는 스승이 현실을 잘 모른다며 대들기도 했다. 그러나 누구보다 스승과 공동체를 아꼈다. 그는 스승의 식사를 챙겼고, 스승이 아플 때 기도하며 걱정했다. 죽음이나 귀신에 대한 염려도 있었다. 그러면서도 싸우고 일어설 때는 거침이 없었다. 스승의 삶 구석구석에 그가 있었다. 『논어』에 가장 많이 등장하는 제자는 자로다. 스승은 우직한 자로를 신뢰했다. 모두가 자신을 떠나도 자로는 남을 거라고 믿었다. 길을 찾을 때면 자로를 먼저 보냈다. 삶의 쓸쓸함을 나누기도 했다. 스승은 자로가 용기있고 정직하며 사람을 아끼고 정치력도 있는 것을 알았지만 항상 잊지 말아야 할 것이 있다고 했다. 배움이다. 배우지 않으면 좋은 성품도 극단이 될 수 있다면서 공부하라고 했다. 나이 들수록 공부가 더 필요하다. 모든 부모 모든 교사들이 그렇다.

자로와 안연을 보면 부모 학생과 자녀 학생이 보인다. 둘이 만나는 장면을 보면 고전을 앞에 두고 마주 앉은 부모와 자녀가 보인다. 40대 학생이 10대 학생보다 고전에 대해 무조건 더 많이 알아야 할 필요는 없다. 중요한 것은 인생의 경험과 지혜를 나누는 것이다. 모든 부모에게는 나눌 것이 있다. 고전학교 학생이 되어 자녀들과 같이 배우면 알게 될 것이다. 당신은 헛된 인생을 살아온 것이 아니다. 당신의 직업이 무엇이고 세상이 어떻게 평가하든 아무 상관이 없다. 당신에게는 보석 같은 경험과 지혜가 있다. 그 마음을 갖고 식탁에 앉으면 가족 학교는 축복의 시간이 된다.

부모를 자유케 하는 세 가지 말

다양한 연령대가 모여 함께 공부할 때 연습할 말이 세 가지 있다. 보통 어른들이 쓰고 싶어하지 않는 말이다. 부모든 자녀든, 교사든 학생이든 솔직하게 이 말을 쓰면 진리를 배우고 자유를 얻을 수 있다.

1. "모르겠다"

우리는 모른다는 사실을 인정하기 싫어한다. 하지만 모르는 것을 인정하지 않으면 배울 수가 없다. 공자는 "아는 것을 안다고 하고 모르는 것을 모른다고 하는 것이 아는 것"이라고 말했다. 나이든 학생인 자로에게 한 말이다. 나이가 있고 자존심이 셀수록 모른다고 말하기 싫어한다. 그래서 못 배운다.

2. "찾아보자"

"찾아줄게"나 "찾아봐라"가 아니다. 함께 답을 찾아보자는 말이다. 특정한 사람에게 정답을 찾는 책임이나 정답을 정할 권리가 있는 것이 아니다. 함께 배우고 함께 성장하려면 함께 고민해야 한다. "공부해라", "독서해라"는 아무것도 바꾸지 못한다. "공부하자", "독서하자"가 바꾼다.

3. "잘못했다"

어른들이 특히 꺼리는 말이다. 뻔히 잘못이 보이는데도 이 말을 꺼내지 않는다. 잘못을 인정하지 않는 사람은 지식이 아니라 태도가 삐뚤어진 사람이다. 무지한 사람보다 훨씬 위험하다. 공부할수록 위선자가 된다. 본인도 망하고 공동체도 망친다. 공자는 잘못을 지적받았을 때 "잘못했을 때 지적해주는 사람이 있어서 다행"이라며 깨끗이 인정했다. 리더는 잘못이 있을 때 인정하고 고치는 것을 꺼려서는 안 된다. 학생들이 기대하는 스승은 잘못 없는 완벽한 스승이 아니다. 잘못했을 때 인정하고 다시 노력하는 스승이다. 그것이 진짜 살아 있는 가르침이다. 자녀들에게 부부싸움을 들키는 것이 부끄러운 것이 아니다. 잘못을 인정하고 반성하고 화해하는 모습을 보여주지 않는 것이 부끄러운 것이다. 공자는 이 상황을 한마디로 이렇게 말했다. "잘못하고도 고치지 않는 것이 바로 잘못이다." 잘못이 계속되는 악순환이다. 그냥 두면 공동체 모두가 빨려든다. 방법은 하나뿐이다. 잘못했다고 말하고 고쳐야 고리가 끊어진다.

공자는 부모의 자세, 교사의 자세를 알려주었다. 모두가 학생이다. 스승은 고전뿐이다. 모두가 배운다. 고전에서 배우고 서로에게 배운다. 모두 학생이면 모두 스승이 되는 신비를 경험한다(三人行必有我師焉). 천하를 떠돌던 공자와 제자들에게 멋진 강단과 책상이 주어졌을리 없다. 모든 것을 함께하는 그들에게 삶과 공부는 분리된 개념이 아니었다. 끼니 걱정까지 함께 풀어갔다. 공자의 공부 정신을 가장 잘 담을 수 있는 자리는 식탁이다. 강단에서 내려와 식탁에 앉아야 한다. 거기서 함께 고전을 배워야 한다.

루터의
식탁

공자는 식탁의 정신을 말해주었다. 더없이 좋았지만 아쉬움도 있었다. 구체적으로 식탁을 어떻게 꾸려가야 할지 고민이 남아 있었다. 그때 유쾌한 미소를 지으며 또 다른 스승이 찾아왔다. 개혁자 마르틴 루터였다. 그는 식탁의 실제를 보여주며 나머지 퍼즐을 완성시켜주었다. 자기네 집 식탁으로 초대해서 노하우를 알려주었다. 그는 영혼의 셰프이며 인생의 셰프였다. 식탁에 올릴 메뉴까지 친절하게 짚어주었다.

"식탁에 우주를 담아라. 진실을 더하라."

1517년 마르틴 루터는 비텐베르크 성당 정문에 95개조 반박문을 게시하면서 온 유럽에서 위협과 환호를 동시에 받게 되었다. 그는 오랫동안 독신으로 지냈다. 결혼과 가정의 고귀함을 믿었지만 언제 죽을지 모르는 상황을 생각할 때 결혼은 꿈꿀 수 없는 일이었다. 자신의 운명이 아니라고 믿었다. 낡은 수도원 건물에서 홀로 지내며 종교 개혁과 사회 변화를 이끌었다. 몸은 만신창이가 된 지 오래였다. 온갖 병을 달고 살았다. 이불을 개고 펴는 것조차 사치라고 느낄 정도로 바쁘고 긴장되는 삶을 살고 있었다.

그 무렵 마리엔트론 수녀원에는 카타리나 폰 보라(Katharina von Bora)라는 이름을 가진 수녀가 살고 있었다. 그곳은 학교처럼 운영되는 지성적인 곳이었다. 바깥의 여성들은 글을 배우지 못할 때였으나 카타리나는 라틴어는 물론이고 의학과 음악까지 배운 깨인 여성이었다. 어느 날 수녀원에 루터의 가르침이 전해졌다. 카톨릭 교회의 문제점과 신앙의 회복에 관한 것이었다. 진실을 접한 수녀들은 그냥 있을 수가 없었다. 루터에게 도움을 청했고 12명의 수녀가 수녀원 탈출에 성공했다. 1523년의 일이었다. 수녀들의 탈출 소식에 세상이 발칵 뒤집혔다. 그들의 인생에 책임이 있다고 느낀 루터는 거처를 제공하고 결혼까지 주선했다. 모두 결혼을 했지만 한 명은 일이 잘 풀리지 않았다. 카타리나였다. 그녀는 당당하게 루터와 결혼하겠다고 선언했다. 루터 나이 42세였고, 그녀 나이 26세였다. 늘 위협 속에 살아야 했던 루터는 주저했지만 지혜롭고 당당한 그녀에게 마음을 열고 1525년 마침내 결혼하게 되었다.

사랑으로 준비한 자리

위협과 환호 속에 맺어진 세기의 결혼이었다. 전직 수도사와 수녀의 결혼이라는 드라마적인 요소가 있는데다 종교개혁 지도자의 선택이라는 점에서 사람들의 큰 주목을 받았다. 그러나 부부는 외부의 무게에 짓눌리지 않았다. 부부의 역사를 쓰기 시작했다. 가난한 개혁가 부부였지만 다행히 루터가 기거하고 있던 낡은 수도원 건물을 선물 받으면서 사랑과 사역을 펼쳐갈 터전이 생겼다. 제법 규모 있는 건물이었지만 수십 년 된 곳이고 상황도 엉망이었다. 부부는 건물을 새로운 곳으로 바꿔놓았다. 집이면서 학교였다. 또한 개혁의 심장부였다. 그렇다고 휘황찬란한 센터와 기관을 만들어놓은 것이 아니었다. 여전히 루터의 집일 뿐이었다. 비밀은 루터와 카타리나가 힘을 합친 낡은 식탁이었다. 그들은 사랑하는 연인이자 일생의 동지였다.

루터 부부에게는 6명의 자녀가 있었다. 친척 조카들도 여러 명이 함께 살았다. 또한 루터를 만나고 싶어하는 사람들이 집에 수시로 드나들었다. 루터에게 배우고 싶어서 아예 하숙을 하는 사람들까지 있었다. 보통 20여 명이었고 많을 때는 50명이 왁자지껄 모여 밥을 먹었다. 루터의 식탁은 그리 크지 않았다. 한꺼번에 다 앉기도 어려웠지만 사람들은 여기저기서 모여 들었다.

루터 부부는 거실과 식탁을 사랑했다. 거기서 자녀들과 즐거운 시간을 보냈다. 루터는 연주를 하고 아이들은 노래를 불렀다. 카타리

많은 스승들이 도움을 주었지만 처음에 부딪힌
문제의 근원과 해답을 보여준 것은 공자와 마르
틴 루터였다. 그들이 보여준 것은 최고 전문가나
첨단 설비나 최신 이론이 아니었다.

나는 행복하게 그들을 바라보았다. 거기서 가족 축하 행사를 열기도 했다. 가족의 사랑이 넘치는 자리였다. 루터의 결혼 생활은 중세와 결별하고 변화를 갈망하던 독일 사람들에게 새로운 결혼의 모델이 되었다. 전통적인 질서와 제도를 어느정도 유지하면서도, 낭만이 넘치는 결혼이었다. 현실의 고통과 부부의 차이를 있는 그대로 받아들였다. 두 사람은 가정을 즐거워했다. 루터는 결혼과 가정이 우리를 바꾸는 좋은 학교가 될 수 있다고 믿었다.

식탁에 우주를 담아라

저녁 식사 후에 식탁은 학교가 되었다. 몸을 살찌우는 육신의 양식이 지나간 자리에 영혼의 양식이 펼쳐졌다. 사람들이 질문을 던지면 루터는 어떤 주제도 피하지 않고 말을 했다. 다양한 토론이 이어졌다. 방랑자에서 환자, 정치인, 동료 개혁자까지 온갖 사람들이 온갖 주제를 내놓았다. 아내 카타리나도 있었다. 아직 어려서 무슨 이야기인지 모르는 루터의 아이들도 호기심에 식탁 위의 학교를 지켜보았다. 루터가 말을 시작하면 습관처럼 받아적는 사람들이 있었다. 그들 덕분에 우리가 현장을 그려볼 수 있는 것이다. 한번은 루터의 이야기를 필기하느라 정신없는 학생을 보고 루터가 장난을 쳤다. 나무 숟가락에 죽을 듬뿍 퍼서 학생 얼굴에 들이밀면서 "이것도 적어보게나"라고 했다. 유쾌한 웃음이 있는 자리였다.

루터의 식탁에 펼쳐지는 지성의 만찬은 끝없이 넓었다. 식탁은 작앉지만 우주를 담고 있었다. 천문학과 점성술 문제로 우주 끝까지 가는가 하면, 신과 천사들에 대한 이야기로 이성 끝까지 가보기도 했다. 대화 주제는 롤러코스터 같았다. 어느새 반대편 가장 작은 지점에 이르러서 숙면(熟眠)과 건강의 관계에 대해서 이야기하고 발에 쥐가 났을 때 대처하는 방법도 나누었다. 정치 문제, 종교 문제도 빠지지 않았다. 결혼과 독신, 질병과 죽음도 다루었다. 교육과 직업 문제도 물론이었다. 진지하게 인문학의 수사법을 논하다가 어느새 인생의 기회를 놓치지 말라는 충고로 이어졌다. 우주 만물이 메뉴로 차려졌다.

루터는 우리에게 특정 과목 특정 주제 안에 갇히면 안 된다고 말했다. 우주라는 책을 구석구석 읽어야 한다. 찬란한 태양도 읽고 비루한 일상도 읽어야 한다. 모든 것은 관계가 있다. 우리는 관계를 맺으며 살아간다. 그것이 인생이고 그것이 학문이다. 자연과 맺는 관계, 사람과 맺는 관계, 진리와 맺는 관계를 알아야 한다. 나를 바꾸고 세상을 변화시킨다는 것은 그 관계를 깨닫고 잘못된 것을 바로잡는 것이다.

모든 것은 연결되어 있다. 숙면을 취하지 못하면 건강이 망가지고 건강이 망가지면 세상을 바꾸겠다는 꿈은 몽상에 불과하다. 결혼과 가정도 마찬가지다. 가족과 잘 지내는 법을 모르는 사람이 무슨 정치를 하고 무슨 수로 국민들의 조화와 연합을 이끌어내겠는가? 독재나 술수밖에 무슨 수가 있겠는가?

식탁에 진실을 더하라

루터의 식탁은 넓기만 한 게 아니었다. 깊이도 있었다. 생각의 깊이도 있었고 속내를 드러내는 깊이도 있다. 포장지에 쌓인 교과서 멘트만 오간 것이 아니었다. 저녁 식사 후 밤이 깊어지는 시간에 무엇을 감출 수 있겠는가? 부패한 정치 권력, 종교 권력을 신랄하게 비판하고 조롱했다. 인간의 탐욕을 정면으로 다루었다. 개혁가로서 부딪히는 압박과 유혹도 솔직하게 털어놓았다. 신앙의 의문과 신학적 충돌도 피해가지 않았다. 때로 이런 솔직한 언어가 듣는 사람을 당황스럽게 하고, 루터를 비판하는 구실이 되기도 한다. 하지만 그곳은 식탁이지 강단이 아니었다. 학술 발표를 하는 자리가 아니었다. 그는 학문과 정치의 언어로 핵심을 피해가지 않았다. 삶을 건드리고 진실을 건드리지 않으면서 무엇이 바뀔 수 있단 말인가? 더구나 가족과 친구들이 있는 자리 아닌가?

> "교육 받지 못한 서민들이 짓는 죄는 교회와 국가에서 고위
> 관리들이 짓는 죄에 비하면 아무것도 아닙니다."

그는 아내와의 사이에서도 솔직한 사람이었다. 부부 사이에는 차별도 없고 비밀도 없어야 한다고 믿었다. 당시로서는 꽤 앞선 생각이었다. 그는 부부끼리만 솔직한 게 아니라 둘의 생각과 상황을 친구들 앞에 솔직하게 드러냈다. 사랑도 드러내고 차이도 드러내고 다

툼도 드러냈다. 남편 말을 따라야 하는지 아내 말을 따라야 하는지도 이야기 주제가 되었다. 진짜 공부가 있는 자리에는 위선이 없어야 한다. 공자도 제자들 앞에서 그랬다.

> "자네들은 내가 뭔가 숨기는 게 있다고 여기는가? 나는 숨기는 게 없네. 무엇을 하든 다 보여주었어. 나는 그런 사람일세"

먹고 사는 문제, 권력과 시스템에 대한 생각, 두려워하는 것들, 약점과 상처, 솔직한 충고, 풀리지 않는 관계, 반복되는 실패. 이런 이야기를 드러내지 않으면 변화와 회복은 없다. 범우주적인 학문과 책 이야기로 계속 도망치면 비참을 잠시 감출 수는 있다. 그러나 문제는 악화되고 얼굴은 위선자가 될 뿐이다. 어느 날 자로는 먹을 게 떨어진 상황이 화가 나서 스승에게 대들었다.

> "군자가 되라하셔서 열심히 공부하며 삽니다. 그런데 군자도 밥을 굶습니까? 선생님, 먹을 게 없단 말입니다!"

공자는 배움이 가난을 벗어나는 도구가 아니라는 것을 부드럽게 깨우쳐 주었다. 공부를 월급 상향술이나 직장 교체술 정도로 여기는 요즘 세태에도 뜨끔한 말이다. 여기서 더 눈길이 가는 것은 대화 주제가 아니라 분위기다. 자로의 급한 성격이 한몫하긴 했지만, 공자 공동체의 위대함은 이런 이야기가 오갈 수 있는 진실하고 열린 학교였다는 것이다.

세상을 바꾼 식탁
....

루터의 식탁 공부는 루터가 세상을 떠난 후 1566년 『탁상담화
(Table Talk)』라는 이름으로 출간되었다. 등장하자마자 종교개혁 정
신의 진수를 담고 있다며 찬사를 받았지만 얼마후 금서로 지정되어
불태워졌다. 책을 가진 사람도 태워죽인다는 무서운 경고가 선포되
었다. 부패한 권력자들이 견딜수 없는 이야기를 하고 있었기 때문이
다. 밥상머리에서 나눈 이야기가 거슬리고 두려웠던 것이다! 『논어』
처럼 『탁상담화』도 불태워졌다. 개혁자들의 솔직한 어록을 담은 책
은 서재에서 집필된 책이 넘볼 수 없는 힘이 있다. 강단에서 나올 수
없는 힘이다. 인생과 역사를 조망하고 모든 것을 연결하고 묶어내는
통찰이 있다. 당대의 권력들이 두려워할 수밖에 없다.

루터의 식탁은 거쳐간 사람들의 인생에 큰 영향을 주었다. 독일
역사에 남은 많은 학자와 예술가들이 거기서 피어난 꽃들이다. 유럽
과 인류 역사 전체도 그 식탁의 샘에서 흘러나온 자유와 개혁의 물
줄기를 맛보고 있다.

루터는 우리에게 가족이 함께 꾸미는 식탁의 힘을 보여주었다. 소
박한 저녁 밥상이 지나고 자리에 앉은 루터와 아내 카타리나. 천진
한 아이들의 표정. 각지에서 모인 갖가지 사연의 사람들. 우주의 모
든 주제를 담은 메뉴와 진솔한 향기로 가득한 식탁은 밤 깊은 줄 모

르고 사람들을 매료시켰다. 우주와 우리집이 교차되고 일상과 이상이 연결되었다. 자신도 모르는 사이에 그들의 영혼에는 불꽃이 타올랐다. 각자의 자리로 돌아가 다음날 아침이 되었을 때 그들은 마을을 밝히는 등불이 되어 있었다. 가족이 사랑으로 준비한 식탁에서 함께 식사를 하고, 우주를 담은 대화, 진실을 더한 공부가 이뤄지는 것이 꿈만이 아님을 루터가 보여주었다. 이제 우리 차례였다.

고전
읽기
워밍업

고전학교를 시작했지만 무작정 고전의 숲으로 뛰어들 수는 없었다. 고전 읽기는 고전 읽기 자체로 배우는 게 맞지만 첫걸음이 힘든 것은 어쩔 수 없는 사실이다. 고전이 어려워서가 아니다. 낯설기 때문이다. 우리는 그런 독서에 익숙하지 않다. 책에 묻고 책에 답하며 깊이 들어가는 훈련을 해본 적이 없고 기쁨을 맛본 적도 없다. 새로운 세계를 탐험할 최소한의 토대도 빈약한 경우가 많다. 함께 읽고 나눈 경험이 없어서 공동체 독서는 어색하다. 다양한 나이와 배경을 가진 사람들이 모였다면 어느 정도 출발선도 맞추는 게 좋다. 원래 인문교육에서 문법 단계가 하는 역할이다. 오늘날은 그런 과정이 없다. 약간의 준비 단계를 거치는 것이 도움이 될 수 있다. 우리는 본격적인 고전 읽기에 앞서 워밍업 시간을 가졌다.

1 · 함께 읽는 재미

어렸을 때 아이들에게 동화책을 읽어주기는 했지만 사춘기가 되어 두꺼운 책을 '함께' 읽는 것은 새로운 도전이었다. 등산을 시작하기 전에 먼저 함께 읽는 맛을 경험할 필요가 있었다. 낭독하는 기쁨과 나누는 즐거움을 안다면 높은 산을 오를 때 더 힘이 날 것이다. 진지한 이야기를 나누는 것도 연습이 필요한 일이다. 이런 조건으로 준비 운동을 하려면 우선 글이 좋아야 한다. 깊고 재치있어야 한다. 그래야 우리 안에서 뭔가가 나온다. 읽는 맛도 난다. 다음으로 글이 길지 않아야 한다. 준비 운동을 장거리 경주처럼 할 수는 없다. 조건에 맞는 책이 두 종류 있었다. 잠언(명언)과 시(詩)였다. 가족별로 다른 책을 선택해서 서로 읽어주었다. 가족 네 명이 종류별로 네 권씩 골랐다.

내 마음의 잠언
- 『사랑외전』, 이외수, 해냄
- 『멈추면 비로소 보이는 것들』, 혜민, 수오서재
- 『사람이 선물이다』, 조정민, 두란노
- 『인생』, 이성표, 홍성사 [그림으로 읽는 전도서]

내 마음의 시
- 『갈대는 속으로 조용히 울고 있었다』, 신경림, 글로세움

· 『님의 침묵』, 한용운

· 『생일』, 『축복』, 장영희, 비채

· 『이루어지게 하소서』, 김수연, 마음의숲

더 읽고 싶을 때: 시인의 마음(시인이 고른 시와 에세이)

· 『그 풍경을 나는 이제 사랑하려 하네』, 안도현, 이가서

· 『우리가 사랑에 빠졌을 때』, 정호승 외, 공감의기쁨

각자 선택한 책을 들고 돌아가면서 소리내어 읽어주었다. 서로 느낀 점을 말했다. 글의 호흡이 짧기 때문에 지루할 틈이 없었다. 멋진 문장을 고르면서 이야기 꽃을 피웠다. 자연스럽게 마음과 생각이 흘러나왔다. 함께 읽는 재미가 깊어진 후에는 좋은 수필집을 읽기도 했다.

2 · 역사의 뼈대

체계가 있어야 지식이 된다. 한 권의 책이 튼튼한 책장 어딘가에 꽂히듯이 지식은 뼈대를 필요로 한다. 처음에는 빈 책장으로 시작하지만 독서와 공부가 진행되면 서고가 풍성해진다. 역사는 언제나 좋은 뼈대가 될 수 있다. 역사의 뼈대가 있으면 책 읽는 공동체가 기본 이해를 공유하기에도 좋다. 어떤 역사관을 고정하는 것이 아니라 공유할 기반을 가지는 것이다.

뼈대로 삼을 좋은 역사책을 고르는 게 시작이다. 워밍업으로 함께 보려면 너무 어려우면 안 된다. 너무 두꺼운 것도 부담이다. 역사를 이야기로 풀어가는 문학적인 역사책이 좋다. 또한 믿을 만한 사람이 쓴 통사(通史)가 좋다. 그래야 통일된 역사관으로 틀이 잡힌다. 자신의 역사관이 이미 분명하다면 거기 맞는 책을 선택하는 것이 당연하다. 시작하기에는 서양사(세계사) 책이 좋다. 지식을 종합할 수 있는 큰 체계를 세우려면 서양사를 기둥 삼는 것이 좋기 때문이다. 고전과 학문을 정리하기 편하다. 처음 뼈대를 만들 때 가능하면 서양사와 우리 역사(한국사)를 연결한다. 서양 세계와 우리 민족이 직간접으로 만나는 상황을 따라 연결하면 된다. 다른 역사를 연결할수록 체계가 더 풍성해진다. 동양사, 사상사, 경제사 등 무궁무진하다. 자신의 역사관이 통합적으로 발전하면 자연스럽게 보편사의 모습을 갖게 된다.

처음부터 이런 모습을 다 갖춰야 한다는 뜻은 아니다. 역사와 지식의 통합을 염두에 두고 독서와 공부를 하는 게 좋다는 뜻이다. 워밍업 단계에서는 좋은 역사책을 하나 골라서 책의 개요를 정리한다는 생각으로 인물과 연대를 정리하는 것이면 충분하다. 완벽한 조건을 갖춘 책을 찾기는 어렵겠지만 『곰브리치 세계사』[17]를 고르면 차선책이 될 수 있다. 우리도 선택했다. 할아버지가 손주에게 이야기하듯이 따뜻하게 역사를 풀어내는 책이다. 읽는 즐거움이 있다. 딱

17 · 에른스트 곰브리치, 『곰브리치 세계사』, 박민수 옮김, 비룡소

딱한 책으로 만들지 않으려고 이름이나 연대를 내세우지 않아서 부담이 적다. 연대를 정리하고 싶다면 다른 자료를 보조 도구로 활용하면 된다.

우리는 체계적인 독서 프로그램을 만들 계획이었기 때문에 좀 더 깊이 연구했다. 구체적인 방향과 상세한 내용은 다양한 책을 참고하며 종합했다. 절대적으로 의존하지는 않았지만 『곰브리치 세계사』는 좋은 책이었다. 공동체가 함께 역사의 맛을 알아가는 데 길잡이가 되었다. 우리는 여러 가지를 읽고 토론하며 뼈대를 세워갔다. 각 시대별로 생각해볼 주요 고전도 뽑아보았다. 가족별로 자신만의 연대기도 만들었다. 우리는 서양사를 기본으로 다양한 지역사와 사상

역사의 뼈대와 고전(예): 서양사 1600~1800년
(로고스 시대 구분: 10. 이성의 물결 | 주제: 과학)

서양사의 뼈대	서양의 주요 고전
케플러, 행성 운동에 관한 법칙 발표(1609)	『돈키호테』, 세르반테스 (1605)
30년 전쟁(1618-1648, 종교 전쟁)	『맥베스』, 셰익스피어 (1606)
메이플라워호, 아메리카 대륙 도착(1620)	『흠정역 성경』(1611)
갈릴레이, 종교재판 회부(1633)	『신기관』, 프랜시스 베이컨 (1620)
청교도 혁명(1640-1660)	『방법서설』, 데카르트 (1637)
뉴턴, 만유인력의 법칙 발표(1687)	『리바이어던』, 토마스 홉스 (1651)
명예 혁명(1688)	『천로역정』, 존 번연 (1678)
제임스 와트, 증기기관 특허(1769, 산업혁명)	『프린키피아』, 뉴턴 (1687)
보스턴 차 사건(1773)	『로빈슨 크루소』, 대니얼 디포 (1719)
미국 독립 선언(1776)	『걸리버 여행기』, 조너선 스위프트(1726)
프랑스 혁명(1789)	『사회계약론』, 루소 (1762)
나폴레옹, 쿠데타로 집권(1799)	『자서전』, 벤저민 프랭클린 (1790)

사를 연결했다. "로고스 통합지식 프로그램"의 역사 구성은 그렇게 만들어졌다.

17~18세기 서양사와 서양 고전을 정리하면 이성, 과학, 혁명이라는 시대 흐름이 보인다. 동양사, 한국사 등을 연결하면 더 입체적으로 볼 수 있다.

3 · 나의 세계관

누구나 세상을 보는 나름의 관점을 가지고 있다. 세계관(世界觀)이다. 가치관, 인생관이라고 불러도 좋다. 독서하고 공부하면서 그 관점은 강화되기도 하고 수정되기도 한다. 하지만 안타깝게도 적지 않은 사람들이 자신의 세계관이 무엇인지 생각하지 않는다. 일상은 그렇게 살아가면서도 정리되지 않은 하루하루를 보내는 것이다. 본격적인 독서와 공부 여정을 떠나기 전에 자신이 정말로 무엇을 믿고 어떻게 살아가는지 살펴보는 것이 중요하다. 그렇지 않으면 공부와 인생이 깊어지지 않는다. 수많은 견해의 바람에 쓸려다니는 떠돌이가 된다.

세계관을 어렵게 생각할 필요없다.[18] 내 믿음과 인생의 기준을 말하는 것이다. 내가 보는 세계(의 원리), 인간(의 본질), 문제(와 원인),

---

18· 세계관을 분석하고 독서에 적용하는 구체적인 방법은 필자가 쓴 『천년의 독서』를 참고하기 바란다.

해결책을 생각해보면 된다. 학문적인 용어로 정리할 필요없다. 천천히 시간을 갖고 자기 방식대로 풀어서 정리하면 된다. 책을 읽으면서 우리는 다른 세계관을 경험하게 된다. 자기 세계를 모르면 남의 세계가 잘 보이지 않는다. 책의 사상과 큰 그림을 못보고 감동적인 구절 몇 개 찾고 끝나는 독서가 되기 쉽다.

우리 가족은 기독교인이기 때문에 기독교 세계관을 정리했다. 각자 자기 세계관을 정리하면 된다. 필요하면 세계관을 다룬 책을 참고할 수 있다. 내가 어떤 신앙 어떤 가치관을 가지고 있는지 구체적으로 정리한다. 그래야 또 다른 세계를 여행하며 배울 수 있다. 변할 수 있고 강화할 수 있고 발전할 수 있다. 나는 중립이라거나 세계관이 없다는 말은 하지 않기 바란다. 엄밀한 의미에서 중립이나 객관은 존재하지 않는다. 누구나 세계관을 가지고 있다. 모든 것이 빅뱅에서 시작되었다고 보는 것도 하나의 세계관이고, 모든 것이 불확실하고 허무하다고 보는 것도 하나의 세계관이다.

4 · 개념과 용어

개념과 용어를 잘 알면 독서가 잘 풀린다. 하지만 세상의 모든 개념과 용어가 정리된 마법사전은 존재하지 않는다. 책을 읽고 강의를 듣고 사람을 만나면서 배워가는 것이다. 책에 나오는 단어의 뜻은 그 책 속에서 풀어내는 것이 가장 좋다. 부딪히며 배우는 게 진짜다.

그러나 기초가 너무 없으면 도전 자체에 엄두를 못 낼 수 있다. 엉

뜽하게 오해하고 길을 잃을 수도 있다. 별도로 인문학 단어집 같은 책을 보는 것도 방법일 수 있지만, 더 좋은 것은 앞서 역사의 뼈대 작업을 할 때 개념과 용어를 꼼꼼히 보는 것이다. 만나는 사건, 인물, 용어를 잘 기억한다. 쉽게 쓰인 철학사(사상사) 책을 하나 골라서 정리하는 것도 좋다. 인문학의 기초가 되는 개념이 많이 들어 있을 것이다. 인물과 개념어를 정리한다. 플라톤이 어떤 사람이고, 계몽주의, 실존주의가 무슨 말인지 알아두는 것이다. 다시 말하지만 이것저것 다 알고 시작해야 한다는 부담을 가질 필요 없다. 고전 속에서 배우면 된다. 단어를 파헤치느라 읽는 속도가 느려지는 것은 문젯거리가 아니다. 탁월한 공부 과정이다. 그런 앎의 기쁨과 깊이를 누릴 수 있는 곳은 오직 그 자리뿐이다.

이렇게 우리는 차근차근 워밍업을 끝냈다.[19] 고전 읽기가 갑자기 쉬워지는 마법은 일어나지 않았지만 뼈대가 세워지고 방향이 보이는 것은 분명했다. 준비 운동을 잘 했으니 바다에 뛰어들 차례였다. 사실 어느새 우리는 이미 바다에 들어와 있었다.

---

19 •　물론 실제로 진행할 때 네 가지를 순서대로 한 것은 아니다. 병행하기도 하고 시간이 길어진 부분도 있었다. 여기서는 고전 독서를 준비하는 요소로 정리한 것이다.

위대한
시간표

로고스 고전학교는 위대한 것들로 가득 차 있다. 위대한 스승, 위대한 생각, 위대한 만남. 중심에 위대한 시간표가 있다. 우리 일정은 크게 하루, 90분, 1년의 시간으로 구성되어 있다. 하루는 길고 1년은 짧은 법이다.

하루 일과

위대한 시간표는 단순하다. 2교시밖에 없다.

> 1교시: 위대한 생각 만남 – 고전 독서 나눔
> 2교시: 위대한 생각 훈련 – 공부법 훈련

우리 학교의 핵심은 1교시 90분이다. 모든 가족에게 회복되어야 하는 가족 학교의 시간이다. 위대한 생각을 가족이 함께 만나는 시간이다. 고전을 함께 읽고 나눈다. 우리는 "탁상담화"라고 이름붙였다. 탁상담화는 아침에 할 수도 있고 저녁에 할 수도 있다. 각 가정에 맞게 자리를 만들면 된다. 우리는 위대한 시간표 전부를 진행하기 때문에 탁상담화를 오전에 한다. 공동 수업은 오전 8시부터 오후 12시 30분까지다. 4시간 30분이다. 오후는 각자 자유롭게 보낸다. 일하고 공부한다. 관심 분야를 더 깊게 파고들기도 한다.

수업	시간	내용
아침 준비	~08:00	기상, 운동, 성경, 식사
1교시: 탁상담화	08:00~09:30	고전 독서 나눔
2교시: 생각 훈련	09:30~12:30	공부법 훈련 : 영어, 한문, 수학, 작문
자유 일과	12:30~	각자 관심, 일, 공부

공부법을 훈련하는 과목은 문법, 논리, 수사에 따른 것이다. 개별 과목처럼 공부하지만 실제는 생각하는 훈련, 책 읽는 훈련으로 연결된다. 학생의 성장과 상황에 따라 과목별 비중이 조정될 수 있다. 외국어는 입시 목적으로 배우는 것이 아니다. 회화 목적도 아니다. 외국어 공부 과정 자체가 인문학의 종합적인 훈련이다. 서양 전통은 라틴어를 배우는 것이었다.[20]

90분 탁상담화
·····················

탁상담화의 축복을 누리기 위해서 가장 먼저 시간과 장소를 만들어야 한다. 매일 만나는 것이 제일 좋지만 가정에 맞게 조절할 수 있다. 아무리 적어도 1주일에 한 번은 만나야 한다. 시간은 상관없다. 아침이든 저녁이든 고정만 하면 된다. 자녀가 일반학교에 다니고 부모가 직장생활을 한다면 저녁이 편할 것이다.

장소도 중요하다. 장소가 일정하면 분위기가 산다. 거실 탁자나 주방 식탁이 가장 좋다. 늘 함께 앉는 장소라서 마음이 편하고 이야기도 잘 풀린다. 장소 이름을 특별하게 정하는 것도 좋다. 그냥 "책 읽자"고 하는 것보다 "○○○로 모이자"가 더 큰 의미를 준다. 그냥 말장난이 아니다. 옛 선비들은 서재를 구별하고 이름을 붙였다. 정약용은 삼사재(三斯齋)라 불렀고, 김득신은 억만재(億萬齋)라 불렀다. 로고스 고전학교는 스페이스 로고스(Space Logos)라고 이름 붙였다.

탁상담화 90분은 아래와 같이 지나간다.

5분: 지난 이야기 정리

80분: 고전 읽고 나누기

20•　우리 학교에서 1교시 탁상담화는 부모 학생, 자녀 학생 모두 참석하지만, 2교시 생각 훈련 시간이 되면 부모 학생은 그날 상황에 따라 빠질 수 있다. 현실적인 이유 때문에 생긴 규정이다. 아무리 가족 학교에 전념하기로 했다고 해도 바깥일로 급한 상황이 생기는 경우가 있다.

단락별 읽기: 돌아가며 소리내어 읽기

단락별 이야기: 정리, 질문, 토론

5분: 오늘 이야기 정리

참석자 모두 책을 가지고 있어야 한다. 당연하다. 독서 모임을 하는데 책 하나를 돌려볼 수는 없다. 고전을 세 가지 방식으로 읽는다. 소리내어 읽기, 돌아가며 읽기, 단락별로 읽기다. 낭독하면 입과 귀와 눈과 마음이 함께 움직인다. 또한 참석자가 돌아가면서 읽는다. 인원이 많으면 어려운 방법이지만 가족은 적당하다. 특정 사람만 읽으면 전체적으로 집중력이 떨어지고 참여하는 맛도 약하다. 마지막으로 가장 중요한 것은 단락별 읽기다. 단락은 저자가 글을 쓸 때 잠시 생각을 쉬던 자리다. 작은 생각의 단위다. 독자도 단락을 따라가면 저자와 같이 한 번씩 쉬면서 생각을 정리할 수 있다.

단락별 읽기는 옛날 왕들의 공부법이었다. 조선 왕실에서 세자가 공부하는 모습을 보면, 스승이 경전을 읽고 세자가 따라 읽은 후에 설명과 질문을 주고받았다. 이때 단락별로 읽었다. 왕에게는 경연(經筵)이라는 공부 시간이 있있다. 신하들과 함께 고전을 공부하고 나랏일을 토론하는 자리였다. 탁상담화는 왕과 세자의 공부 방식 그대로다. 고전을 읽고, 나누어 읽고, 질문하고 토론한다. 차이가 있다면 누군가 교사의 역할을 맡아서 강의하는 일이 없는 것 정도다. 사실 조선 역사를 보면 경연마다 교사 역할에 차이가 있었다. 예를 들어 세손 시절부터 공부가 깊었던 정조에게는 신하들이 강의를 길게

우리는 보통 한 달에 한 권씩 고전을 읽었다. 물
론 책마다 차이가 있어서 기계적으로 적용하지
는 않았다. 읽는 기간이 너무 길면 점점 힘이 빠
진다. 동기가 약해진다. 기간이 너무 짧으면 읽
는 둥 마는 둥 지나가게 된다. 경험상 한 달에 한
권 정도가 적당하다.

할 필요 없이 읽기와 토론이 중요했고, 갑자기 왕이 되어 세자 수업을 받지 못한 중종에게는 신하들의 강의가 중요했다. 탁상담화는 왕의 공부다. 아니 그보다 더 좋은 공부다. 군림하는 왕도 없고 정치의 압박도 없어서 오히려 천천히, 함께 배우며 함께 성장할 수 있다.

단락별로 읽은 후에는 자유롭게 이야기를 나눈다. 먼저 간단하게 좋은 구절을 짚어보거나 내용을 정리할 수 있다. 그리고 질문이 있으면 솔직하게 풀어놓는다. 이야기가 깊어지면 자연스럽게 토론이 된다. 특정한 순서로 이야기할 이유는 없다. 쫓길 이유가 없기 때문에 서둘러 이야기를 끝낼 필요도 없다. 고전에서 배운다는 큰 방향만 잃지 않으면 가끔씩 삼천포로 빠지거나 한 단락에 오래 머무르는 것은 전혀 문제될 게 없다. 가족만이 누리는 자유다.

1년 독서 일정

우리는 보통 한 달에 한 권씩 고전을 읽었다. 물론 책마다 차이가 있어서 기계적으로 적용하지는 않았다. 읽는 기간이 너무 길면 점점 힘이 빠진다. 동기가 약해진다. 기간이 너무 짧으면 읽는 둥 마는 둥 지나가게 된다. 경험상 한 달에 한 권 정도가 적당하다. 우리 학교는 "로고스 통합지식 프로그램"에 따라 독서하고 공부한다. 기본적으로 청소년기 6년 동안 고전을 읽는다. 마지막 학기에 논문을 쓰고 마무리한다. 그 후 각자 진로와 진학 결정에 따라 차이가 있지만 더 공부하고 싶은 사람은 2년 동안 심화 연구 과정을 밟는다. 물론 청소년

기라는 말에 얽매일 필요 없다. 고전 읽기에서 청소년 눈높이는 따로 없다. 청년이든 장년이든 상관없이 적용할 수 있다. 지금 우리 프로그램에는 성인들도 많이 참여하고 있다. 고전은 전 세대가 함께 공부할 수 있는 유일한 교실이다.

처음 1년차는 철저하게 시대순으로 읽는다. 2~6년차는 공동체와 개인 상황에 따라 탄력적으로 구성한다. 1년차 독서를 하다보면 읽고 싶은 책을 많이 만나게 된다. 로고스 프로그램은 역사를 기본틀로 하면서도 시대별 주제와 십진분류(KDC) 등에 따라 다양하게 변화를 줄 수 있다. 2~6년차에는 "르네상스와 종교개혁" 시대를 중심으로 개혁과 혁신의 세계에 깊이 들어갈 수도 있고, "인간", "역사"와 같이 주제별로 책을 읽을 수도 있다. 어떤 때는 굵직한 책을 한 권만 정해서 길게 탐독할 수 있다. 책을 어떻게 묶어서 읽어도 좋지만 유념할 것은 문학, 역사, 사상(철학)을 적절히 섞어서 읽는 것이다. 문학은 우리 감성과 관련이 많고, 역사는 의지와, 사상은 지성과 관련이 많다. 사람은 세 부분 모두 필요하다. 뭐든 치우치면 병이 나기 마련이다.[21]

로고스 프로그램의 기본은 1년차 12권 독서다. 입문적인 성격을 띤 책들을 배치했고 분량이 많은 편이 아니기 때문에 한 달에 한 권 읽는 데 크게 무리가 없다. 탁상담화 방식으로 역사를 따라 12권을 읽으면 고전 독서와 인문학 공부의 좋은 기초를 쌓을 수 있다. 앞서

21·　　다양한 도서 목록은 다음을 참고하기 바란다. http://gogooma.com

잠깐 언급되었던 목록을 좀 더 상세하게 정리하면 다음과 같다. 추천하는 번역본이 있으면 함께 정리했다. 번역이 만족스럽지 않지만 대안이 없고 상대적으로 좋아서 선정한 번역본도 있다.

1월[기원]: 『창세기』, 모세
존재의 본질과 역사의 근원을 생각하는 시간

2월[인간]: 『파리대왕』, 윌리엄 골딩, 문예출판사
인간의 악은 어디에서 오는가?

3월[역사]: 『곰브리치 세계사』, 에른스트 곰브리치, 비룡소
할아버지가 들려주는 인생과 역사 이야기.

4월[철학]: 『소크라테스의 변론, 크리톤』, 플라톤, 숲(또는 서광사)
철학하며 산다는 것, 철학으로 산다는 것.

5월[윤리]: 『논어』, 공자
우리 문화와 정신의 뿌리. 유쾌하고 찡한 배움의 공동체.

6월[종교]: 『요한복음』, 요한
태초부터 있던 로고스가 하고 싶었던 말들.

7월[충돌]: 『쿠오 바디스 1, 2』, 헨릭 시엔키에비츠, 민음사
서양 문화를 받치는 두 기둥, 헬레니즘과 헤브라이즘의 충돌.

8월[시험]: 『신곡: 지옥편』, 단테 알리기에리, 민음사
중세의 숲에서 길을 잃은 사람의 이상한 여행.

9월[개혁]: 『에라스무스 아동교육론』, 에라스무스, 인간사랑
혁명을 품은 인문주의자의 인문교육 제안.

10월[과학]: 『방법서설』, 르네 데카르트, 문예출판사
진리를 찾아가는 아주 특별한 방법.

11월[제국]: 『올리버 트위스트 1, 2』, 찰스 디킨스, 창비
높은 빌딩과 화려한 네온사인의 뒷골목 풍경.

12월[도전]: 『백범일지』, 김구, 돌베개
그가 더 살았다면 우리 역사는 어떻게 달라졌을까?

5

진리와
자유를
실험하고

더 큰
학교를
열다

로고스 고전학교는 작은 학교다. 하지만 동시에 더 큰 학교를 운영하고 있다. 스무 명이 넘는 청소년들이 함께 공부한다. 더 많은 수의 부모가 함께 공부한다. 모두 모여 고전을 읽는다. 이 모든 일의 시작은 2013년으로 거슬러 올라간다.

고전 읽는 가족들이 모이다

로고스 고전학교를 시작하고 1년 정도 되었을 때, 우리를 알고 있던 분이 조심스럽게 문의를 했다. 우리가 하는 고전 읽기를 같이 할 수 있겠냐는 이야기였다. 몇 가정이 마음이 있다고 했다. 모두 청소년 자녀들이 있었다. 선뜻 대답을 못했다. 고전을 믿고 좋아해서 로고스 학교를 시작했지만 어디까지나 우리 가족 이야기였다. 다른 사람에게 권유할 단계는 아니었다. 의학으로 따지자면 임상실험이 끝나지 않은 약을 권하는 것과 마찬가지였다. 생각할 시간을 달라고 이야기했지만 거절할 뜻을 거의 굳히고 있었다.

그런데 왠일인지 아이들 얼굴이 계속 생각났다. 우리집과 비슷한 또래였다. 우리집 아이들을 생각하는 마음으로 섬기면, 부족하고 실수하는 부분이 있더라도 진심은 전달될 거라는 생각이 들었다. 한편으로는 우리 임상실험이 영원히 끝나지 않을 거라는 생각도 들었다. 고전교육이 좋은 약이라는 확인을 언제 무슨 수로 받는단 말인가? 인생이 모두 공부인데, 실험이 언제 끝난단 말인가? 인문학과 고전교육은 역사 속에서 이미 검증된 방식이었다. 먹고 사는 데 쓸모있는 것만 교육이라고 보는 시대가 잊은 것뿐이었다. 그렇다면 우리가 아니라 선배들을 보고 확신있게 나아가는 것이 맞았다. 임상실험이 아니라 진리실험이었다. 불변의 진리를 추구하는 사람들이 모여 오늘의 현실에 또하나의 진리꽃을 피우는 실험이었다. 시기도 지금이 최상이었다. 우리집 아이들과 함께 하는 지금이 내가 뜨겁게 최선을 다해 섬길 수 있는 최고의 시간이라는 생각이 들었다. 언젠가 이웃을 섬길 날을 꿈꾸며 로고스 고전학교를 시작했었다. 섬길 시기가 계획보다 조금 앞당겨진 것뿐이었다. 2013년. 그렇게 "고전 읽는 가족"이라는 모임이 시작되었다. 친구들과 함께하는 더 큰 고전학교가 열린 것이다.

한 달에 한 권, 행복한 목마름

고전 읽는 가족은 시작부터 거창한 계획을 세우지 않았다. 거창하면 무겁고 무거우면 지친다. 우리는 할 수 있는 목표를 세웠다.

- · 한 달에 한 권씩 고전을 읽는다.
- · 주간 진도를 나누어서 각 가정에서 읽는다.
- · 일주일에 한 번씩 모여서 읽은 것을 정리하고 나눈다.

다르게 말하면, 로고스 통합지식 프로그램을 따라가면서 고전을 읽고 나눈다는 것이다. 나는 탁상담화 90분을 집집마다 실천하기 바랬지만 강제하지는 않았다. 상황이 다 달랐고 처음부터 무리할 필요도 없었다. 대신 어떤 식으로든 꾸준히 읽을 수 있게 진도를 나누고 연구문제를 만들어서 나눠주었다. 시간과 방식은 가정별로 알아서 했다. 서로 더 가까워지면 깊은 공동체가 되겠지만 조급하게 서두를 일이 아니었다. 관계는 속도와 욕심으로 되는 게 아니다.

나는 참여 가정이 일반학교를 다니든 대안 학교를 다니든 또는 홈스쿨링[22]을 하든 제한을 두지 않았다. 고전 읽는 가족은 고전 독서를

---

22 • 여기서 홈스쿨링은 공교육을 받지 않고 가정에서 공부하는 교육방식을 뜻한다. 홈스쿨링을 하는 집마다 가치관과 방식이 다양해서 뭉뚱그려서 말하기 어렵다. 일부에서는 학교 방과후에 엄마가 집에서 가르치는 것까지 홈스쿨이라고 하는 등 용어상 혼란도 있다. 홈스쿨링과 '가족 학교'는 다르다. 필자는 가족 중심 독서와 공부의

함께 하는 모임이다. 인문교육 전체를 함께 하는 것이 아니다. 교육이 달라지고 가정이 달라져야 한다는 생각만 분명하면 다른 것은 상관없다. 각자 가족 학교를 열고, 고전과 진리를 따라 인생의 방향을 찾아가는 사람들이 모인다. 우리 로고스 고전학교처럼 생활 방식 전체를 바꿀 필요는 없다. 우리는 더 실험하고 섬기기 위해 더 모험적인 방식으로 살아가는 것뿐이다. 물론 매일 고전을 최소 90분 이상 읽으면서 가족의 변화를 추구하다보니 우리 모임에는 홈스쿨링과 대안학교 가정들이 주를 이루고 있다. 일반학교를 다니면서 병행하는 게 현실적으로 쉽지 않기 때문이다. 인식의 문제도 있다. 고정관념의 벽은 늘 높지만 언젠가 깨지기 마련이다. 변화는 이미 시작되었다.

아빠를 찾습니다

"고전 읽는 가족"이라는 이름에는 여러 뜻이 있다. 중심에는 "가족"이 있다. 고전 읽기가 아무리 좋아도 자녀들만의 일이 된다면 또 하나의 숙제요 입시전략일 뿐이다. 영어 학원 가고, 수학 학원 가고, 고전 학원 하나 더 가는 것이다. 고전은 공동체로 읽어야 한다. 공동체 중에서도 가족 공동체로 읽는 것이 가장 위대한 전통이다. 우리

회복이라는 의미로 가족 학교라는 말을 쓴다. 이는 공교육을 받지 않는 것과 상관이 없다. 공교육이든 홈스쿨링이든 상관없이 가족 공부가 모든 교육과 인생의 사령탑이 되어야 한다는 뜻이다.

모임은 처음부터 부모가 함께 하지 않으면 받아들이지 않았다. 함께 읽고 함께 참석해야 한다. 자녀만 시킬 거라면 더 훌륭한 선생님과 학원이 많다. 그리 가면 되는 일이다. 아빠 엄마 모두 참석하는 것은 어려워도 한 사람은 꼭 참석해야 한다. 처음부터 지금까지 한결 같은 원칙이다.

자녀가 청소년이 되면 부모와 자녀의 대화가 줄어든다. 이야기할 시간도 없고 이야기할 주제도 없다. 모처럼 앉은 자리는 설교와 반항의 충돌이 되기 쉽다. "대화를 해보자"고 해서 대화가 시작되는 것이 아니다. 고전 읽는 식탁을 만들면 도움이 된다. 배우는 기쁨이 생기고 인생을 이야기할 수 있다. 위대한 텍스트가 사이에 있으면 자녀는 털어놓을 것이 생기고 부모는 (설교할 것이 아닌) 나눠줄 것이 생긴다. 인생에 정답은 없지만 같이 고민하면서 어깨를 토닥인다. 고전 읽는 가족 모임의 존재 이유가 여기 있다.

우리 모임에서는 또한 아빠가 중요하다. 혹시 아빠가 바빠서 참석을 못하거나 책을 못 읽어도 반드시 우리 모임에 동의를 해야 한다. 동의뿐 아니다. 전체 방향에 공감해야 한다. 적극적으로 지지해야 한다. 엄마의 참여만으로는 함께 할 수 없다.

사춘기 전에는 아이들에게 엄마가 해줄 일이 많다. 안아주고 응원해주고 정서적으로 해줄 일이 많다. 사춘기가 오면 아빠가 한 발 앞으로 나와야 한다. 이끌어주고 믿어주고 이성적으로 해줄 일이 많다. 그런데 우리나라는 언제나 엄마가 주도한다. 아빠는 없다. 기울어진 교육으로 평생을 간다. 대안교육을 이야기하는 모임이나 세미나에 갈때마다 깜짝 놀란다. 여기도 엄마뿐이다. 아빠는 어디 있는가? 아빠는 바쁘다. 한국 아빠는 사회가 가만두지 않는다. 나도 아빠다. 잘 안다. 밤늦게까지 붙잡혔다가 아침 일찍 다시 나가야 한다. 아빠들은 거대한 쇠사슬에 묶여 있다. 가족을 위해서 꿈을 위해서 사슬에 묶인 채 밤낮없이 노를 젓고 있다. 아내에게 장미꽃을 사다 줄 여유가 없고, 아이들의 표정을 살필 여력도 없다. 심지어 교육이라는 이름의 폭력으로 기러기가 되어 가족과 헤어지기도 한다.

자녀 키우기 좋은 세상은 환상이다. 오지 않을 꿈이다. 역사상 한 번도 존재하지 않았다. 가정과 자녀교육을 망치는 유혹과 핍박이 언제나 존재할 뿐이다. 성공이라는 이름으로 쳇바퀴를 돌게 하는 사육장이 있을 뿐이다. 아빠 엄마는 물어야 한다.

"우리 가족은 행복한가?"

거기서부터 다시 시작해야 한다. 성공을 다시 정의하고 교육을 다시 정의해야 한다. 영원히 오지 않을, 환상의 날을 위해 가족의 이별과 불행을 눈감는 것을 멈추어야 한다. 그런 날은 오지 않는다. 시스템의 세뇌일 뿐이다. 그런 식이라면 "우리는 모두 매트릭스에 살고 있다." 지금은 이렇게 살지만 나이를 먹으면 한적한 시골에 넓은 카페를 열고 장성한 자녀들이 팔짱을 끼며 감사의 미소를 보내고 손주들은 풀밭을 까르르 뛰어다닌다. 시스템의 환상이다. 광고 영상이다. 우리가 물어야 할 것은 세상이 바뀌고 좋은 날이 오면 어떻게 하겠느냐가 아니다. "그럼에도 불구하고" 오늘, 가족이 함께, 어떻게 살 것인가를 물어야 한다. 불편하고 손해보고 줄어들고 작아지고 변두리가 되는 것이 자유와 행복의 길이 될 수 있음을 진지하게 생각해야 한다. 부유함과 편리함은 행복의 동의어가 아니다. 가정엔 아빠가 필요하다. 청소년 자녀에겐 정말 꼭 필요하다.

우리처럼 아빠를 요구하는 모임은 많지 않았다. 처음엔 어색하고 불편하게 느끼는 아빠들이 많았다. 아빠들이 모여서 가정과 자녀교육을 논의하는 것 자체가 낯설었다. 고전을 읽고 나누는 것 역시 처음 해보는 경우가 많았다. 하지만 지금은 다르다. 아빠들은 우리 모임의 가장 든든한 후원자다. 어쩔 수 없이 자주 얼굴을 보이지 못하는 아빠들도 진심으로 서로를 응원한다. 아빠가 참여한다고 해서 갑자기 집에 시간이 많아지거나 부자가 되는 일은 없다. 하지만 뭔가를 하나씩 포기하고 가족과 함께 걷는 시간들을 선택할 때마다 우리는 자유를 배운다.

어른 학생들의 반란

처음에는 자녀들과 함께 읽고 토론하는 것이 낯설었다. 시간도 없지만 그런 문화 자체가 낯설었다. 자녀들이 어릴 때는 책을 읽어준 적도 있고, 뭔가를 가르쳐준 적도 있지만, 마주 보고 앉아 토론했던 경우는 별로 없었다. 독서도 마찬가지였다. 개인적으로 책을 읽을 때는 있었지만 가족 전체가 같은 고전을 같이 읽어가는 것도 새로운 경험이었다. 어려움은 언제나 "함께" 한다는 것에 있었다. 학창시절 이후에 치열한 공부에서 손을 뗀 경우가 많았던 부모들은 모임에 보조를 맞추기는 했지만 대부분 따라가는 입장이었다. 바쁜 일상을 잘 알고 있는 나도 그 이상의 참여는 요구하지 않았다. 처음부터 열정을 보인 부모도 있었지만 그렇지 않은 경우도 충분히 이해할 수 있었다.

반란은 오래 걸리지 않았다. 고전을 붙들고 씨름하면서 불이 붙기 시작했다. 밥을 하다가 출근을 하다가 불이 붙었다. 거기 인생이 있었다. 학창시절 시험공부에서 경험할 수 없었던 희노애락이 있었다. 가슴에 묻어두었던 시(詩)가 살아나고, 『논어』한 구절을 붙잡고 한참동안 말을 잇지 못하고, 『레 미제라블』의 바리케이드에서 죽어가는 청춘들을 보며 통곡했다. 10대 학생들 틈에 가려져 있던 40대, 50대 학생들의 반란이 시작된 것이다. 때로는 청소년 학생들이 게을러지려고 하다가 어른 학생들의 모습을 보고 반성할 정도다. 고전에는 힘이 있다. 인생을 다시 보게 하는 힘, 가슴에 있던 것을 드러내는 힘, 낯선 이를 친구로 만드는 힘이 있다. 우리 모임은 매주 고전의 힘을 느낀다. 세대가 따로 없다. 인생을 알수록 더 뜨겁다.

윤동주의 추억

고전 읽는 가족 역사에서 가장 뜨거웠던 책 중 하나는 송우혜의 『윤동주 평전』이었다. 원래 좋은 책이기도 하지만 사랑에 빠질 만큼 오래 매달리기도 했다. 우리는 3개월 동안 이 책에 빠져살았다. 고전 읽는 가족 전체가 한 학기 동안 함께 했다. 철저히 읽을 수 있게 단계별로 과제물이 있었기 때문에 피하고 싶어도 피할 수 없었다. 『천년의 독서』를 따라 인문학 삼중독서의 원리를 철저히 적용해서 세 번 읽었다. 말이 세 번이지 중간에 과제를 정리하면서 뒤적거린 것까지 합하면 실제로는 네다섯 번 읽었을 것이다. 『하늘과 바람과 별과 시』를 함께 읽었고, 열여덟 편의 시를 암송했다. 책을 독파한 후에는 송우혜 작가를 초대해서 집필 과정의 이야기를 듣고 뜨거운 질의응답 시간을 가졌다. 마지막으로 모두 윤동주의 발자취를 따라 서울 종로구로 향했다. 윤동주 문학관에서 그의 시 세계를 다시 한번 생각하고, 인왕산 산자락을 따라 그가 걸었을 산책로를 되짚어갔다. 그리고 연희전문 4학년 때 머물렀던 누상동 하숙집터를 찾아갔다. 우리가 왜 고전을 읽어야 하는지 어떻게 읽어야 하는지 깊이 경험하는 시간이었다. 윤동주는 큰 선물을 남겨주었다. 21세기 오늘 어떻게 살아야 하는지 가슴으로 생각하게 해주었다.

아주 특별한 토요일

고전 읽는 가족은 매주 토요일에 모인다. 아침 10시부터 즐거운 시간을 보낸다. 오전에는 고전을 나누고 오후에는 다양한 활동을 한다. 오전에 모이면 한 주 동안 읽은 내용에 관련된 강의를 듣고, 그룹별로 모여 "탁상담화" 토론 시간을 가진다. 초등반, 청소년반, 성인반 세 그룹으로 나누어서 토론하고 활동한다. 오후에는 명사들을 초청해서 특강을 듣기도 하고, 개천을 따라 산책을 하기도 한다. 소그룹이 모여 심도 있는 공부를 할 때도 있다. 점심식사는 항상 포트럭 파티(Potluck party)다. 집집마다 준비해 온 음식을 나누면서 이야기꽃을 피운다. 유쾌하고 정이 넘친다. 강의나 토론만큼 중요한 시간이다. 가족 학교와 탁상담화의 정신은 식탁을 배움의 장으로 삼는 것이다. 함께 차려 먹는다는 것은 삶을 나누기 시작했다는 뜻이다. 비로소 함께 진짜 공부를 할 수 있는 사이가 되었다는 뜻이다.

모임은 1년 2학기제로 운영된다. 봄학기는 3~6월이고, 가을학기는 9~12월이다. 여름과 겨울에는 고전교육에 관련된 캠프가 열린다. 한 달에 한 번 정도 문학과 역사 탐방을 한다. 신나게 MT를 떠나서 정신없이 놀기도 한다.

사람처럼 공동체도 자란다. 우리 모임은 점점 토론 중심으로 전환하고 있다. 독서가 중요하다고 해서 무작정 읽기만 필요한 것이 아니다. 인문학 중심의 독서 공동체도 인문학 전통대로 문법, 논리, 수사 단계를 거치며 성장한다. 처음 체계를 세울 때는 강의의 비중이 높다. 그 다음에는 독서 자체에 초점을 맞추어야 한다. 책 읽는 방법에 집중해서 훈련하는 일이 필요하다. 독서가 깊어지면 자연스럽게 토론의 비중이 높아진다. 사람도 공동체도 문법, 논리, 수사로 발전하고 깊어진다. 지식도 관계도 그렇다.

함께 읽은 책, 함께 누린 기쁨

고전 읽는 가족은 2013년부터 5년 동안 많은 책을 함께 읽었다. 로고스 통합지식 프로그램이 인도자 역할을 했지만, 프로그램도 모임과 함께 성장했다. 그동안 읽으면서 감동을 누린 많은 고전들 중에서 몇 가지를 정리하면 다음과 같다. 1년차 프로그램에 속한 것들은 제외했다.

- 『변신이야기』, 오비디우스, 민음사(또는 숲)
- 『뜻으로 본 한국역사』, 함석헌, 한길사
- 『국가』, 플라톤, 서광사(또는 숲)
- 『기하학 원론』, 유클리드, 로고스 고전학교 자체 제작
- 『고백록』, 어거스틴, 대한기독교서회
- 『맥베스』, 셰익스피어, 민음사
- 『천로역정』, 존 번연
- 『사회계약론』, 장 자크 루소, 펭귄 클래식 코리아
- 『레 미제라블 1~5』, 빅토르 위고, 민음사
- 『윤동주 평전』, 송우혜, 서정시학

독서는 등산과 같다. 고전은 높은 산 같아서 혼자서 쳐다보면 아찔하고 올라갈 자신이 없다. 하지만 친구들과 함께 가면 다르다. 이런저런 이야기를 나누며 오르다보면 어느새 구름은 발 아래 있고 정

독서는 등산과 같다. 고전은 높은 산 같아서 혼
자서 쳐다보면 아찔하고 올라갈 자신이 없다. 하
지만 친구들과 함께 가면 다르다. 이런저런 이야
기를 나누며 오르다보면 어느새 구름은 발 아래
있고 정상에 도착해 있다.

———————————————

상에 도착해 있다. 그동안의 경험으로 보면 처음 두 권 정도가 고비다. 혼자서 등산하면 중간에 포기하기 쉽다. 친구들과 몇 번 산을 오르고 나면 처음에는 정상에서 자신을 대견해하는 정도지만, 나중에는 산을 즐기고 있는 자신을 발견하게 될 것이다. 함께 가면 어디든 갈 수 있다.

　고전 독서법 세미나를 열었을 때 첫인상부터 범상치 않은 분이 참석한 적이 있었다. 사실 인문학에 조예가 깊은 분이라서 앞부분 서론 강의는 새로운 것이 없었을 것이다. 아니나 다를까 쉬는 시간에 찾아와서 물었다. 『천년의 독서』에서 다루는 독서법은 무엇이 다른지 궁금하다면서 동서양 전통들을 먼저 이야기했다. 여러 가지가 있지만 나는 우선 두 가지를 말했다. 먼저 방법적인 측면에서 그리스 로마 전통을 기반으로 체계적으로 세 번 읽는 '삼중 독서'라고 했다. 그리고 가장 중요한 것이 삶으로 함께 읽는 '가족 독서', '공동체 독서'라고 했다. 그분은 삼중 독서도 흥미있게 들었지만 무엇보다 가족 독서라는 말에 깊이 공감하며 고개를 끄떡였다. 아무리 좋은 독서 방법론이 있다고 해도 공동체가 함께 읽는 독서의 힘을 넘어설 수 있는 것은 없다.

6년간의
진리실험

우리는 지난 6년 동안 진리의 실험을 해왔다. 실험했다는 것은 의심했다는 것이 아니다. 추구했다는 것이다. 사랑했다는 것이다. 실험(實驗)은 시험(試驗)과 다르다. 시험은 될지 안 될지 도전하고 평가해 보는 것이다. 실험은 믿고 있는 이론이 진리임을 실현해 보이는 것이다. 믿고 실제로 해보는 것이다.

고전을 따라가는 사람들이 했던 진리실험이란 무엇인가? 책을 읽고 배운 대로 실천한 것이다. 불변의 진리가 오늘의 땅에서 꽃필 것을 믿고 실제로 해본 것이다. 구하고 찾고 두드렸다. 실수도 하고 시행착오도 겪었지만 옛것에 대한 믿음을 가지고 멈추지 않았다. 진리와 자유를 배우고 확증하는 실험들이었다.

진리를 실험하는 학교와 모임
··

모든 진리실험은 로고스 고전학교가 연구하고 이끌었다. 동시에 분야별로 모임을 만들어서 여러 사람들과 연대하며 열매를 나누었다.

· 로고스 고전학교 http://www.LogosAcademy.co.kr ·

2012년 시작. 진리실험의 중앙 연구소. 네 명의 연구원 가족이 오늘도 열심히 탐구하며 살고 있다. 로고스 고전학교는 고전교육 아카데미로서 고전교육에 기반한 여러 모임과 클래스를 섬기고 운영한다. 로고스 통합지식 프로그램을 이끌어가는 일도 맡고 있다.

· 고전 읽는 가족 http://www.ClassicFamaily.net ·

2013년 시작. 가장 먼저 시작한 연합 모임. 가족 학교를 열고 "탁상담화 90분"의 길을 걷는 가족들이 모여 고전을 읽는다. 부모와 자녀가 함께 한다. 로고스 고전학교 사역의 핵심 모임이다. 매주 토요일에 모인다.

· 하루학교 http://www.HaruSchool.org ·

2014년 시작. 위대한 시간표 2교시인 공부법 훈련에 집중하는 클래스. 인문교육, 고전교육의 원리에 따라 독서와 독서법, 고전과 학습법을 연결해서 훈련한다. 예를 들면 『맹자』를 원문으로 읽어가고, 기하학을 하고, 영어 고전을 읽고 나눈다. 일주일에 하루만 나오는 학교다. 좋은 선생님들을 모시고 함께 공부하기도 한다. 주중에는 각자의 자리에서 훈련하고 공부한다. 청소년 학생들만 모인다. 매주 월요일에 만난다.

· 로고스 청소년 앙상블 http://ensemble.LogosAcademy.co.kr ·

2012년 시작. 재능에 따라 음악하고 공연하는 봉사 단체. 클래식 연주, 연극 등 프로그램을 구성해서 활동한다. 기관의 초청을 받아 공연하기도 하고, 지역 요양원을 찾아 봉사하기도 한다.

· 로고스 고전 세미나 http://seminar.LogosAcademy.co.kr ·

2014년 시작. 고전교육에 관련된 다양한 교육 행사를 운영하는 곳. 고전교육의 가치와 방법을 널리 알리는 것이 목적이다. 역사, 수학, 독서법 등 여러 주제를 연구하여 지식의 장을 만든다.

· 고구마 – 고전 읽는 구도자 마을 http://www.gogooma.com ·

2017년 시작. 고전을 사랑하는 사람과 지식이 만나는 곳. 추천도서에서 독서법 안내까지 다양한 정보를 얻을 수 있다.

6년 실험 일지

그동안 다양한 교육 실험, 진리실험이 있었다. 하나씩 따로 이야기하려면 각각 며칠이 필요할 것이다. 즐겁고 알찬 시간들이었다.

오늘도 계속 성장하며 발전하고 있다. 각 실험별 진행 상황이나 참가 여부 안내는 http://www.LogosAcademy.co.kr를 참고하면 된다.

교과서를 찢어라

실험실: 로고스 고전학교

말 그대로다. 교과서 찢고 다시 만들기 프로젝트. 중고등학교 교과 과정을 모두 찢어서 재구성한다. 로고스 통합지식 프로그램의 연대를 통합의 틀로 삼는다. 과목별 단원이 역사를 따라 재배치된다. 학문이 어떤 순서로 발전해왔는지 볼 수 있다. 서로 다른 과목이 역사 속에서 연결되는 것을 볼 수 있다. 시대별로 통합된 지식의 개관과 해제를 만들고 정리한다. 넣을 자리를 놓고 고민하는 모든 과정이 지식을 통합하고 연결하는 훈련이다. 교과서를 찢을 때는 쾌감이 있고 재구성할 때는 기쁨이 있다. 색다른 공부의 즐거움을 안겨준다.

지식 추적자

실험실: 로고스 고전학교, 하루학교

주제별 프로젝트 수업. 큰 주제 하나를 정하고 각 분야별로 담당을 나누어서 연구하고 발표한다. 예를 들어 '맥도날드'를 주제로 정하고 분야별로 이렇게 나눈다.

· 과학/수학: 햄버거와 건강
· 과학/수학: 빅맥지수

· 경제/경영: 맥도날드 성공 비결

· 사회/윤리: 알바, 시급, 비정규직

· 문학/예술: 전경린,『맥도날드 멜랑콜리아』

한 주제 아래서 다른 지식이 연결되는 즐거움을 맛볼 수 있다. 연결하면서 말이 되게 이야기를 구성하는 것도 좋은 훈련이다.

일주일의 기적

실험실: 로고스 고전학교, 하루학교, 로고스 고전 세미나

무엇이든 일주일에 배우는 도전. 각자 관심 분야를 정해서 지식을 분해하고 재배열한다. 일주일 시간표를 짜고 도전한다. 학과 공부에서 악기와 운동까지 어느 분야든 상관없다. 영어의 원리를 일주일 만에 배울 수 있다면 생각만 해도 신나지 않겠는가? 지식이 무엇인지, 공부가 무엇인지 흥미롭게 배울 수 있다. 학생들의 폭발적인 참여가 있고 효과도 좋다.

완독파티

실험실: 로고스 고전학교, 로고스 고전 세미나

좋은 책을 완독한 사람들의 축하 파티.『레 미제라블(5권)』을 읽은 감동이 너무 커서 기획하게 되었다. 소극장과 카페를 대관하고 외부 사람들도 초청했다. 작품 속 인물을 코스프레하고 모였다. 장발장이 되고 자베르가 되고 팡틴이 된 사람들이 만났다. 완독의 기쁨을 아

는 사람들이었다. 파티가 있고 공연이 있고 강의가 있었다. 한국어판 번역자인 정기수 교수와 귀한 만남도 가졌다. 주인공 그림이 새겨진 컵을 들고 집으로 돌아갔다. 한 권의 책을 완전히 읽는 것의 의미를 깊이 느낄 수 있었다.

유클리드 수학 캠프

실험실: 로고스 고전학교, 하루학교

수학의 고전인 유클리드 기하학 끝장 공부. 오늘날의 학교 수학책들은 문제를 풀지만, 유클리드 기하학은 진리를 증명한다. 진리의 블록을 하나씩 올리다보면 어느새 피타고라스의 정리가 증명된다. 처음에는 낯설지만 재미를 느끼면 거울 앞에서 증명 연습을 하고 있는 자신을 발견하게 된다. 캠프의 백미는 마지막 날이다. 수학 배틀의 날이다. 흥미로운 증명 배틀이 시작된다. 아침부터 8시간 이상 진행되지만 지칠 줄 모른다. 수학의 아름다움을 보고 증명의 기쁨을 느끼다보면 창 밖으로 밤이 깊어간다.

천년의 독서 워크숍

실험실: 로고스 고전학교, 로고스 고전 세미나

인문학 삼중독서 훈련. 책을 제대로 깊이 읽는 방법을 배운다. 인문학 원리에 따라 세 번 읽는다. 문법, 논리, 수사의 3단계로 읽는다. 학교 내부적으로는 한 학기 4개월 동안 꼼꼼히 진행한다. 짧은 시간에 핵심 원리를 파악하고 경험할 수 있도록 1주일 과정의 외부 워크

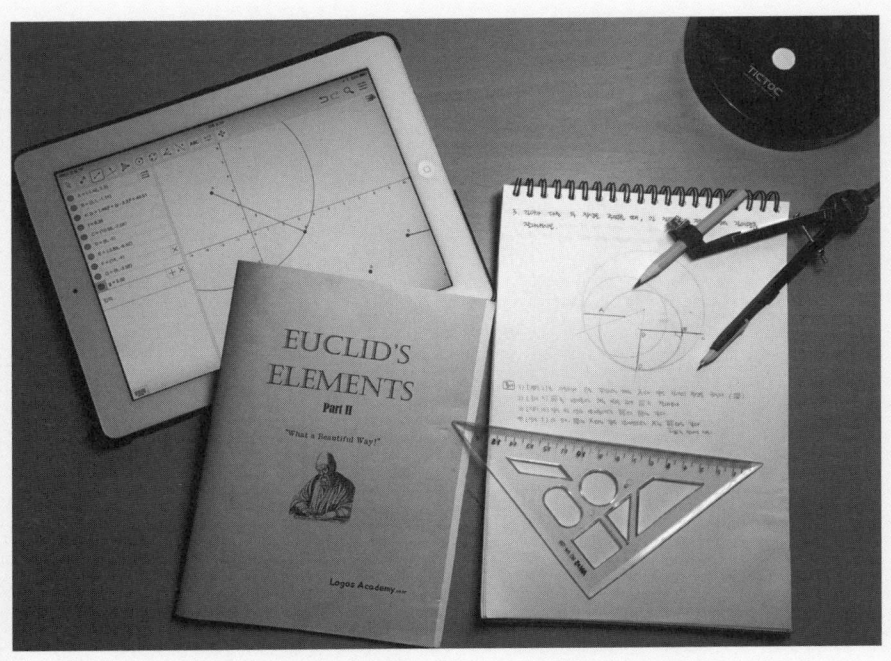

수학의 아름다움을 보고 증명의 기쁨을 느끼다보면
창 밖으로 밤이 깊어간다.

숍을 진행하기도 한다.

문학과 역사 탐방
실험실: 고전 읽는 가족

책이 현실로 바뀌는 특별한 여행. 보통 한 달에 한 번 여행한다. 읽고 있는 책과 연결된 공간으로 갈 때가 많다. 역사를 따라가기도 하고 문학을 따라가기도 한다. 윤동주를 읽은 때는 윤동주의 흔적이 있는 곳으로 간다. 책이 시공간과 교차하는 지점에 친구들과 함께 설 수 있다는 것은 언제나 특별한 추억이다.

어찌살까 토크 콘서트
실험실: 고전 읽는 가족, 하루학교

다른 사람, 다른 세계와의 조우. 한 달에 한 번 정도 특별한 만남을 갖는다. 작가, 예술가, 요리사, 공동체 운영자 등 다양한 분야에서 남다른 삶을 살고 있는 사람들을 만난다. 위대한 시간표 1교시인 "위대한 생각 만남"의 연장선이다. 강의를 듣고 자유롭게 질의응답을 한다. 질의응답이 강의 시간을 초과하는 경우가 자주 있다. 즐겁고 행복한 만남이다. 만남의 핵심 질문은 "어떻게 살 것인가"이다. 다르게 공부하는 이유는 다르게 살기 위해서다. 다른 삶의 개척자들을 모시고 인생을 배운다. 인생이 살아 있는 책인 것을 경험한다.

고전에 음악을 더하다

실험실: 로고스 청소년 앙상블

고전과 음악이 만나 사랑에 빠지는 콘서트. 음악과 영상과 연주로 고전의 세계를 다시 그려내는 특별한 공연이다. 스크린에 어린 왕자 애니메이션이 움직이고 오카리나가 춤을 춘다. 플루트가 숲 속으로 안내하고 바이올린과 피아노가 애절하게 노래 부른다. 크리스마스에 공연 초청을 받고 『어린 왕자』 이야기로 제작한 것이다. 다른 고전으로 또 이어갈 예정이다.

대학 갈까? 大學 읽을까?

실험실: 고전 읽는 가족, 로고스 고전 세미나

2000년 전통의 진짜 대학 세미나. 동양고전 『대학(大學)』을 읽으면서 대학 진학의 의미에 대해서 생각한다. 대학에 꼭 가야 하는 것일까? 간다면 왜 가는 것일까? 진짜 큰 공부란 무엇일까? 수능시험 보는 날에 함께 모여 생각해본다.

공동 창작실

실험실: 로고스 고전학교, 로고스 고전 세미나

가족이 함께하는 콘텐츠 협업 프로젝트. 아빠가 잡지에 연재할 일이 있었는데 혼자 글을 쓰는 것보다 가족과 함께하고 싶어서 공동 작업을 했다. 각자 재주를 따라 아빠는 글을 쓰고 큰 아들은 동영상을 만들고 작은 딸은 그림을 그렸다. 이때부터 공동 작업이 자주 있었다. 예를 들면 세미나를 준비할 때 아빠가 내용과 진행을 맡으면 아들은 안내 포스터를 만들고 딸은 그림을 그리고 엄마는 현장 감독을 맡는 식이었다. 때로는 아들이나 딸이 기획을 하고 아빠 엄마가 도와주는 경우도 있었다.

스페이스 로고스(Space Logos)

실험실: 로고스 고전학교

거실과 식탁의 혁명. 가족 학교의 중심은 거실과 식탁이다. 책과 토론이 살아 있는 영혼의 식탁이 되어야 한다. 우리는 마르틴 루터의 모범을 따라 거실을 꾸몄다. 가족이 언제든 모여 공부하고 토론할 수 있도록 탁자를 중앙에 배치하고 주요 고전을 주위에 배치했다. TV가 사라진 것은 이미 오래전 일이다. 빔 프로젝터와 스크린을 설치해서 다양한 공부가 가능하게 했다. 언제든 사람들이 모일 수 있도록 추가 테이블을 준비해두었다. 십여 명이 카페처럼 앉아서 이야기할 수 있다. 친구들이 자주 찾아온다. 가끔 세미나와 독서 토론회를 열기도 한다.

수학과 진리 세미나

실험실: 로고스 고전 세미나

진리 탐구로서의 수학 배우기. 학과 진도가 아닌 진리를 찾는 길로서의 수학을 이야기했다. 현직 수학 선생님들과 함께 했다. 수학과 인문학, 수학과 성경의 관계를 탐구했다. 수학의 본질과 개념을 생각할 수 있는 시간이었다. 현직 수학 선생님들과 이야기하면서 개념 수학과 입시 수학의 연결에 대한 실제적인 고민들을 나누었다.

통합지식 입문 과정

실험실: 하루학교

인문학의 기초를 세우는 13주 여행. 역사를 따라가면서 생각의 틀, 공부의 틀을 잡을 수 있게 해준다. 다양한 연령과 상황의 사람들이 모였을 때 최소한의 기본 토대를 공유하기 위해서 만들어진 과정이다. 로고스 통합지식 프로그램의 구조를 한눈에 보고 경험할 수 있다.

탁상담화(Table Talk)

실험실: 로고스 고전학교, 고전 읽는 가족

가족 학교의 핵심. 90분의 위대한 만남. 가족이 함께 모여 고전을 읽으며 길을 찾는 시간이다. 로고스 고전학교도, 고전 읽는 가족도, 하루학교도 이 시간을 위해 존재한다. 인생의 배를 지휘하는 선장실이고, 치열한 전투의 사령탑이고, 지친 영혼들의 사랑방이다.

디지털 인문학 캠프

실험실: 로고스 고전학교, 로고스 고전 세미나

디지털 기술과 인문학의 결합. 데이터 분석과 통계학을 통한 인간과 사회 분석, 3D 프린터를 통한 인문학적 상상의 구현, 컴퓨터 코딩 교육과 인문학 논리 교육 연계 등 다양한 융합을 연구한다. 지금까지 이야기한 진리실험들은 모두 이미 해본 것들이지만 디지털 인문학 캠프는 해본 것보다 하고 싶은 것들이 더 많다. 그동안 부분적으로만 시도했다. 로고스 고전학교의 아빠가 인터넷 검색엔진과 데이터 분석 전문가이기 때문에 그동안의 인문학 연구와 접목해서 펼쳐볼 일들이 많다. 앞으로가 더 기대되는 실험이다.

그래서
학비는?

고전 읽는 가족에 대해서 설명하다 보면 중간에 항상 나오는 질문이
있다.

"그래서 학비는요?"

학비는 중요한 게 아니라며 좀 더 설명하려고 해도 금방 또 묻는다.

"그래서 학비는요?"

마음이 이해된다. 가슴 한켠이 답답해진다. 다른 교육을 하고 싶
어서 대안학교의 문을 두드리면 높은 학비에 당황하는 경우가 많다.
정부 지원 없이 스스로 해결해야 되기 때문에 학비가 비쌀 수밖에
없다. 홈스쿨링을 하면 돈은 안 드는 대신 돈이 줄어든다. 부모가 홈
스쿨링에 힘을 쏟으면 바깥일 수입이 줄 수밖에 없다. 이래저래 돈
걱정을 안 할 수가 없다. 공교육에 다녀도 돈이 안 드는 것이 아니다.

모두 다니는 학원 몇 개 보내려면 100만 원은 우습다. 인문 고전이
니 창의력이니 하는 것도 결국 학원비가 드는 일이다. 그러니 고전
읽는 가족 이야기를 할 때 대뜸 학비부터 묻는 것은 당연하다. 더불
어 우리가 돈에 붙들려 있다는 것도 숨길 수 없다.

대한민국의 지배자

솔직해지자. 오늘날 대한민국을 지배하는 두 가지 절대 우상이 있
다. 돈과 대학이다. 그 어떤 이념과 권력, 그 어떤 종교보다 힘이 세
다. 돈이 된다면 이념도 권력도 종교도 타협할 수 있다. 대학 준비
는 천국 준비보다 중요한 것이라서 교회는 안 가도 되고, 가정은 찢
어져도 된다. 최강의 우상이요, 최악의 우상이다. 우상 숭배의 대상
은 원래 나쁜 것이 아니다. 돈은 필요한 것이고 열심히 공부해서 대
학에 가면 박수칠 일이다. 필요하고 좋은 것으로 끝나지 않아서 문
제다. 탐욕의 독이 퍼져 괴물이 된다. 필요한 것이 꼭 가질 것이 되고
없으면 죽는 것이 된다. 우리 인생을 지배하게 된다.

돈이 우상이라는 말은 쉽게 수긍하는 사람들도 대학이 우상이라
는 말을 하면 고개를 갸웃거리는 경우가 있다. 말을 바꿔서 교육이
우상이라고 하면 아예 손사래를 친다. 교육을 절대선으로 생각한다.
그러나 교육의 목표가 대학과 출세라면 교육은 우상이고 악이 될 수
있다.

돈과 대학의 우상은 둘이 한통속이어서 더 무섭다. 대학은 준비할

때나 다닐 때나 게걸스럽게 돈을 요구하고, 돈은 대학이나 나온 후에 이야기하자며 등을 돌리기 일쑤다. 교활하고 포악한 왕과 왕비다.

돈과 교육제도의 문제를 부인하는 사람은 많지 않다. 다들 혀를 차며 하루속히 바뀌어야 한다고 말한다. 하지만 바꾸는 일에 뛰어들 생각은 없다. "언젠가" 좋아졌으면 좋겠다고 막연한 희망을 말할 뿐이다. 속으로는 우리 아이가 손해 보는 일은 없어야 한다고 주먹을 불끈 쥔다. 그리고 돌아서서 돈과 교육제도의 현실에 매여 산다. 때로는 이용한다. 우상을 숭배하고 우상에 끌려다닌다.

자유를 찾는 유일한 방법

그러면서도 사람들은 "자유"를 신앙처럼 외친다. 텔레비전 광고를 연이어 몇 개 보고 키워드를 찾아보자. 쉽다. 모두 "자유"다. 우리는 자유를 위해서 상품을 사고 스마트폰을 두드리고 공부를 한다. 공부를 잘하면 대학과 직장을 선택할 자유가 커진다고 믿는다. 그러면 인생이 자유로워질 거라고 믿는다. 돈에 매달리는 이유도 마찬가지다. 돈의 크기가 자유의 크기라고 믿는다. 돈은 없으니 순간 체험이라도 하고 싶어서 신용카드를 긁고 또 긁는다. 마음대로 저지르는 걸 자유라고 생각한다.

옛 스승들의 자유는 다르다. 예수는 말했다.

"진리를 알지니 진리가 너희를 자유케 하리라."

헷갈릴 부분이 없다. 진리와 자유는 짝을 이룬다. 진리가 있어야 자유가 온다. 진리를 고리타분한 족쇄로 여기고 진리로부터 벗어나는 것이 자유가 아니다. 현대관념과 다르다. 자유를 누리고 싶다면 먼저 진리를 알아야 한다. 진리를 알면 진리 아닌 모든 것으로부터 자유로워지기 시작한다. 단번에 성취하는 것은 아니지만 한걸음씩 자유의 날갯짓을 배우게 된다.

진리를 추구할 때 자유가 온다. 대안교육을 하는 사람들도 마찬가지다. 공교육적 경쟁과 몰가치로부터 자유롭기 원한다. 그러나 공교육으로부터의 탈피 자체가 자유를 주는 것이 아니다. 진리가 자유를 준다. 진리실험이 먼저다. 그 후에 자유 실험이다. 우리가 걸어온 지난 6년의 추구는 진리실험이었다. 우리는 많은 것을 배웠다. 오래된 것과 불변하는 것들을 만나는 기쁨을 누렸다. 그것이 오늘의 교육과 삶에서 생생하게 살아 있음을 확인했다. 가족의 회복을 배웠고 조각들의 통합을 배웠다.

진리실험 제1막을 마무리하면서 우리는 자유 실험을 시작했다. 오늘을 지배하는 돈과 대학으로부터의 자유에 관한 것이다. 돈과 대학은 가족 모두의 고민이다. 돈은 부모의 고민이고, 대학은 자녀의 고민이다. 시간이 흐르면 고민이 뒤엉켜 모두의 발목을 잡는다. 이 우상들과 싸우지 않으면 대안교육은 대안 인생으로 이어지지 않는다. 한때의 몽상으로 끝난다. 첫 번째 자유 실험은 돈에 관한 것이다.

첫 번째 자유 실험: 학비 없는 학교 만들기

고전 읽는 가족 모임은 즐거웠지만 한계도 있었다. 단순히 책을 읽고 학문적인 공부를 하는 것만으로는 변화가 일어나지 않았다. 뼈저리게 느꼈다. 말재주는 늘어나지만 사람도 가정도 변화가 없었다. 갈망이 있어야 공부가 깊어지고 관계가 깊어졌다. 변화도 그 후에야 찾아왔다. 부모는 껍질을 부술 열망이 없고, 자녀는 공부할 열망이 없는 경우는 늘 쳇바퀴를 돌았다. 서로가 바뀌길 기대할 뿐 본인은 변할 생각이 없었다. 배움의 공동체에 배울 열망이 없는 사람이 있으면 모두 힘들어진다. 본인도 힘들고 공동체도 힘들다. 예를 들어 독서 토론을 하는데 책을 읽지 않은 사람이 섞여 있으면 토론이 망가진다. 겉도는 이야기만 하다가 엉뚱한 데 빠지기 일쑤다. 이런 시간이 계속되면 책을 잘 읽어오던 사람도 의욕이 떨어져서 안 읽는다. 결국 책 읽지 않는 사람들의 잡담 모임이 된다. 모두 망가진다. 열정 없는 사람은 억지로 시킬 필요가 없다. 청소년도 어른도 마찬가지다. 공자의 교육 원칙이기도 하다.

> "간절함이 없으면 열어주지 않고, 절박함이 없으면 터뜨려주지 않는다."

배움의 공동체를 떠나서 스스로 돌아볼 시간을 주어야 한다. 기초 상식과 기초 학습 교육은 의무적으로 실시할 필요가 있지만 그 후의 교육은 강제할 수 없다. 그런데도 우리는 나이별(학년별) 진도가 있다는 생각에 빠져 무리수를 둔다. 일단 앉아서 자리만 지키라고 한다. 공동체 전체가 망가진다. 혼자 공부하며 점수로 경쟁하는 시스템이면 혹시 모르지만 공동체 공부를 하는 경우는 치명적이다.[23]

공부할 마음이 없으면 처음부터 모임에 참여하지 않도록 권했지만 문제가 완전히 해결된 것은 아니었다. 열심히 하겠다는 말만 믿고 시작했다가 뒤늦게 마음이 없는 것을 보게 되면 난감했다. 말을 해도 문제가 계속되는데 어떻게 할 수가 없었다. 이미 회비를 받았기 때문에 더욱 어쩔 수가 없었다. 돈을 받아놓고 안 가르칠 수는 없지 않은가? 가끔은 더 현실적인 문제도 있었다. 큰 돈은 아니지만 회비를 받아서 장소 임대료나 제반 경비에 사용하는데 사람이 줄면 돈이 줄어서 조심스러운 부분이 있었다. 어느 날 공자의 이야기를 듣다가 답을 찾았다. 위에 나오는 이야기 바로 앞에서 공자가 말하고 있었다.

"스스로 육포 한 묶음 이상의 예의를 갖추고 찾아와서, 배울 마음을 보여주는 사람이 있으면 가르쳐주지 않은 적이 없다."

열의가 없는 학생에게 어떻게 따끔하게 말할 수 있을까? 어떻게

23• 공자와 달리, 소크라테스는 『국가』에서 억지로 끌고 가서라도 진리를 보게 해야 한다고 말한다. 그러나 자세히 보면 지도자가 될 사람을 알아보고 강제하는 것이다. 모두에게 그렇게 하는 게 아니다.

잠시 쉬면서 생각해보라고 돌려보낼 수 있을까? 처음부터 돈을 받지 않으면 된다! 학생에게 돈을 기대하지 않으면 된다! 아주 명쾌한 답이었다. 사람들은 보통 이 구절을 돈 없어도 배울 수 있는 열린 학교의 의미로 해석한다. 맞는 말이다. 육포 한 묶음의 의미는 돈이 없다는 의미가 있고, 최소한의 예를 갖춘다는 의미도 있고, 마음가짐을 확인하는 의미도 있고, 학생의 자존심을 살려주는 의미도 있다. 오늘날 교육을 사업으로만 생각하는 사람들이 있다면 깊이 새길 말이다. 그런데 다음 이야기를 함께 생각해보니 새로운 의미가 더해졌다. 공자 학교에 입학할 때 학비는 싸지만 대신 한 가지 요구 조건이 있었다. 배우려는 열의가 있어야 한다. 없으면 아예 가르치지 않는다. 열린 학교이면서 열정 학교였다. 돈과 교육의 부정적인 고리를 끊는 방법을 공자는 이미 오래전에 알고 있었다.

나는 고전 읽는 가족 모임에서 더 이상 회비(학비)를 받지 않기로 했다. 공자에게 배운 대로 "육포 한 묶음 이상"을 가져오는 것으로 바꿨다. 개강하는 날 각자 육포를 들고 와서 파티를 열고 시작한다.[24] 물론 정당한 노력에 정당한 대가가 지불되는 것은 당연하다. 학비를 받는 사람들이 나쁘다는 것이 아니다. 고전 읽는 가족에 들어가는 나름의 수고를 생각하면 비용을 많이 받아도 부끄러울 것이 전혀 없

---

24 • 물론 육포 한 묶음 "이상"이라는 뜻을 살려서 마음이 동하는 사람이 모임에 물품이나 돈을 보탤 수 있는 길은 열어두고 있다. 그러나 이것은 어디까지나 자발적으로 하는 것이고 돈을 보태는 경우는 철저하게 무기명으로 해서 서로 오해의 소지가 없도록 한다.

다. 별도의 워크숍이나 학습 클래스는 당연히 비용을 받을 것이다.
하지만 고전 읽는 가족 모임은 다르다. 대안교육과 공동체 공부를
추구하는 가족들이 모였다. 근본 정신을 잊지 않으려는 작은 결단으
로 육포를 선택했다. 우리는 참가비 대신 참가 정신 네 가지를 요구
하고 있다.

  · 배우려는 열망
  · 가족이 함께 하는 마음
  · 배운 대로 살려는 도전
  · 공동체를 섬기는 마음

   물론 우려도 없지 않다. 인원이 늘어나고 장소가 커지는 상황이
되었을 때 문제가 생길 수 있고, 돈을 받지 않아서 수준 낮은 교육이
라고 생각하거나 사람들이 쉽게 그만두는 문제가 생길 수도 있다.
하지만 이것은 진리를 따라 시도하는 자유의 실험이다. 돈에서 자유
롭지 않으면 교육도 자유로울 수 없다는 스승들의 가르침을 따르는
것이다. 진리실험이 그랬듯이 자유 실험 역시 과정 중에 시행착오가
있을 수 있다. 약간의 방향 수정도 있을 수 있다. 하지만 큰 그림은
변할 게 없다. 진리가 우리를 자유케 할 것이다.
   "그래서 학비는요?"
   "배우려는 마음은 뜨거우신 거죠? 그러면 육포 한 묶음 이상만 가
지고 오시면 됩니다."

그래서
대학은?

자유 실험 두 번째는 대학이다. 청소년 고전학교 이야기를 하면 흔히 듣는 질문이 또 하나 있다.

"그래서 대학은요?"

가족 학교의 의미와 고전의 중요성에 대해서 역설하면 잠시 고개를 끄덕이다가 또 질문한다.

"그래서 대학은요?"

언젠가 어떤 분이 자못 진지하게 내게 말한 적이 있다. 우리 학교와 모임의 미래는 아이들이 어떤 대학에 가느냐에 달려 있다는 것이다. 우리를 조금 이해하는 분이라고 믿었는데 충격이었다. "그래서 대학은요"의 다른 버전이었다. 결국 무슨 교육을 하든 목표는 대학이라는 생각이다. 기승전, 대학이다. 그들을 비난할 생각은 없다. 평범한 한국인인 우리 가족도 완전히 벗어나기 어려운 세뇌다.

대안 없는 대안교육

대한민국에서 많은 대안교육이 실패로 돌아가는 이유는 대학 때문이다. 어릴 때는 여행가고 박물관 가면서 대안교육한다고 큰소리친다. 청소년이 되면 갑자기 그간의 주장을 부인하고 대학 걱정을 한다. 입시 모드로 돌아선다. 일반 중고등학교보다 대학 가기 어렵다면서 그간의 교육을 아쉬워한다. 결국 대학이다. 홈스쿨링은 집에서 공부해서 대학가는 것이고, 대안학교는 자유로운 학교에서 공부해서 대학가는 것이다. 19살 목표는 똑같다. 등산 코스만 다르다. 중도에 일반 중학교나 고등학교로 돌아가는 모습도 어렵지 않게 볼 수있다.

오해는 마시라. 공교육 받고 대학 준비하는 것 자체가 나쁘다고 말하는 게 아니다. 교육의 일관성에 대해서 말하는 것이다. 대안교육을 말하다가 대학입시 앞에서 그간의 주장을 부인하는 게 문제라는 것이다. 대학을 가든 안 가든 문제가 아니다. 어떤 선택을 하든 원래 말하던 교육의 가치와 방향 속에서 일관성있게 선택해야 한다. 중도에 일반 중고등학교를 얼마든지 갈 수 있다. 하지만 그 선택이 대학 못 가면 큰일나기 때문에 어쩔 수 없이 선택하는 것은 아니어야 한다. 대안교육의 정신을 지키면서 더 힘든 길을 선택하는 것이어야 한다. 공교육 속에서 올바른 가치를 지켜내는 것이 더 힘든 일이다. 나는 그렇게 해낸 훌륭한 사람들을 알고 있다. 더 크고 귀한 길을 걷는 사람들이다. 하지만 적지 않은 사람들이 걱정 때문에 선택을 하고 있는 것이 문제다.

말과 선택(행동)이 다를 때 가장 큰 좌절을 겪는 것은 자녀들이다. 부모와 스승을 믿고 따라왔는데 어느 날 갑자기 아이를 닦달하면서 대학 진학을 채근한다. 얼마나 당황스러운 상황인가? 차라리 공교육에 성실히 임하면서 다른 생각 말고 대학에 집중하라고 했으면 이렇게 힘들지 않을 것이다. 대안교육을 말하지 않았다면 다치지 않았을 영혼이 어른이 되기 전부터 뒤틀린 경험을 하게 되는 것이다. 대안 없는 대안교육이었던 셈이다.

모든 공부는 어떤 인생을 만든다. 다르게 공부하는 이유는 다르게 살기 위해서다. 똑같은 목표를 가지고 살 거라면 다르게 공부할 이유가 전혀 없다. 다르게 공부할 수도 없다. 포장지만 바꾼 똑같은 교육을 하게 된다. 우리가 공교육의 문제라고 부르는 거의 모든 일은 "입 닥치고 대학"이 목표이기 때문에 일어나는 일이다. 그런데 그 목표를 그대로 두고 어떻게 다른 교육을 한단 말인가? 대학은 목표가 되면 안 된다. 대학은 과정이고 선택이어야 한다. 인생의 방향을 정하고 나의 공부를 찾은 후에, 그것을 배울 특정 대학 특정 교수가 있을 때 고민할 일이다. 갈 수도 있고 안 갈 수도 있고, 19살에 갈 수도 있고 25살에 갈 수도 있는 것이어야 한다. 대학이 지식을 독점하던 시대는 지나갔다. 지성의 전당을 자임하던 시대도 지나갔다. 대학에 가야 한다면, 이제 그 이유를 시대에 맞게 다시 생각해야 한다. 대학 밖에서도 많은 것을 배울 수 있는 시대다. 인생의 하늘에서 볼 때 대학이 하나의 선택지에 불과한 것을 알게 되면 불안은 떠나기 시작한다.

한국에서 살려면 어쩔 수 없이 대학에 가야 한다고? 맞다. 사회적인 압박과 편견이 있다. 극복이 쉽지 않다. 하지만 답은 간단하다. 그 압박을 우선으로 생각할 거라면 대안교육을 하지 않으면 된다. 아이들에게 대학을 잘 가는 게 우선이라고 정직하게 말하면 된다. 욕심 많은 부모는 포기를 모른다. 다 요구한다. 진보적이고, 개혁적이고, 신앙적이고, 인문학적이고, 교양있고, 성품 좋고, 관계 좋고, 가정적이고, 돈 잘 버는, "대학 잘 간 사람"이 되라고 말한다. 이게 도대체 뭐하는 짓인가? 어른도 못하는 일을 왜 아이들에게 강요하는가? 대안 없는 대안교육이 되지 않으려면 대학 없는 대안교육이 될 수 있어야 한다. 대학을 인생 아무데나 놓을 자유를 추구하는 대안교육이 되어야 한다.

두 번째 자유 실험: 한걸음 천천히 가기

로고스 고전학교를 시작할 때 아들 녀석은 중학교 1학년을 마친 상태였다. 음악 중학교에 다녔었고 탁월한 예술 감각과 감성을 지닌 아이다. 말수가 적다. 직관력이 뛰어나다. 운동을 좋아한다. 뭔가를 배우고 몰두하면 항상 평범을 뚫고 나간다. 발표 수업을 많이 하는 우리 학교는 프레젠테이션을 할 때가 많다. 큰아이의 발표 자료를 보면 자주 놀란다. 나는 오랫동안 컨설팅과 강의를 하면서 전문가 소리를 듣는 편이다. 발표 자료의 구성과 감성으로 보면 나를 넘어선 지 오래다. 아이는 또한 수학의 본질에서 기쁨을 느낀다. 수학의 아름다움을 보는 눈이 있다. 아름다운 문장을 좋아하고 시어(詩語)를 사랑한다. 자기 세계에 빠져 있을 때가 많아서 가끔씩 내가 지상 세계에 내려와서 소통을 하라고 핀잔할 때가 있다. 미술과 음악과 스토리를 종합해서 전체를 구성할 줄 안다. 적성과 진로를 검사하고 고민할 때 산업디자인에서 뮤지컬 제작까지 극과 극을 오갔다. 본인도 선택을 못 하고 어른들도 확정적인 이야기를 해주기 어렵다. 본인이 가장 괴로워한다. 당장 확고한 게 없기 때문이다. 뭘해도 기본 이상이 나온다. 좋게 말하면 다재다능한 것이고 나쁘게 말하면 이도저도 아닌 것이다. 자식 자랑을 하는 게 아니다. 특성을 말하는 것이다.

둘째 딸아이는 또 다르다. 그림을 잘 그리고 일상을 보는 특유의 섬세함이 있다. 기억력이 뛰어나다. 논리적인 면이 강하다. 글을 잘 쓴다. 이해하기 쉽고 체계적으로 쓴다. 프레젠테이션에 탁월하다. 자료도 잘 만들지만 무엇보다 발표할 때 전체 흐름이 살아 있다. 주어진 과제는 밤을 새서라도 해낸다. 신실하고 한결같다. 가끔씩은 지나치게 애쓰는 것 같아서 걱정이 될 때도 있다. 반전도 있다. 춤을 사랑한다. 잘 춘다. 한국무용을 할 때 선이 아름답다는 이야기를 듣곤 했다. 장르 불문하고 춤을 출 때 보면 흥이 넘친다. 아이는 또한 사람의 마음을 헤아리는 눈을 갖고 있다. 따뜻하게 품을 줄 안다. 꼬마들을 좋아하고 가르치는 일을 기뻐한다. 본인도 가르치는 일에 관심이 많고 어른들도 잘 어울린다고 생각한다. 역시 자식 자랑이 아니다. 특성을 말하는 것이다.

둘째 아이는 적성과 진로가 상대적으로 분명한 편이다. 사람들을 돌보고 가르치는 일과 관련될 가능성이 높다. 직업 교사일 수도 있고 교육을 학문적으로 연구하거나 활용하는 길일 수도 있다. 지금도 로고스 고전학교와 고전 읽는 가족에 여러모로 큰 힘이 되고 있다. 특히 아이들의 마음을 헤아리며 섬겨주는 게 늘 고맙다. 앞으로 어떤 길이든 깊이 고민해서 방향을 결정하고 꾸준히 준비해가면 된다. 물론 인생길을 섣불리 단정 지을 필요는 없다. 살면서 얼마든지 달라질 수 있다. 그때까지 지금의 자리에서 최선을 다하면 된다.

그러나 첫째 아이는 다르다. 특정한 방향이나 직업의 결정이 늦어진다고 조급할 필요가 없다. 인문학적인 배움과 넓은 경험이 더 필요하다. 그러다 보면 언젠가 방향이 뚜렷해질 것이다. 여러 가지를 종합하는 성격의 일을 할 가능성이 많다. 언제 어떤 모습으로 그 날이 올지는 모른다. 조급하게 군다고 되는 일이 아니다. 아이가 세상을 더 이해하고 세상이 아이를 더 이해할 때까지 기다릴 필요가 있다.

한국 나이로 보면 첫째 아이는 2016년에 대학 입시를 치를 나이였다. 하지만 우리는 대학 진학을 서두르지 않기로 했다. 대학을 가려고만 한다면 여러 길을 찾을 수 있었지만 큰 의미가 없었다. 좀 더 경험하고 배우자고 했다. 인문학 공부를 위해 유학도 생각해 보기로 했다. 다른 선택을 할 수도 있다. 인생의 진로는 진학만 있는 것이 아니다. 취업도 있고 창업도 있다. 공부하는 백수도 있다. 무엇이든 당

좋은 책을 완독한 사람들의 축하 파티. 『레 미제라블(5권)』을 읽은 감동이 너무 커서 기획하게 되었다. 소극장과 카페를 대관하고 외부 사람들도 초청했다. 작품 속 인물을 코스프레하고 모였다. 장발장이 되고 자베르가 되고 팡틴이 된 사람들이 만났다. 완독의 기쁨을 아는 사람들이었다.

장 급할 건 없다. 우리 학교만 해도 아직 배울 것이 많다. 2016년에 아들 녀석은 오히려 로고스 고전학교에 더 열심을 냈다. 앞서 말한 "완독파티"를 처음부터 끝까지 기획하고 총괄했다. 『레 미제라블』 분장을 한 사람들에게 깃발을 흔들며 노래를 부르는 즐거움을 선물했다. 그 외에도 여러 가지를 기획하고 영상과 포스터 디자인 작업도 했다. 청소년 리더로 아이들을 섬겼다. 덕분에 든든하게 학교와 모임을 운영할 수 있었다.

주위 사람들이 오히려 걱정을 했다. 고전 많이 읽은 건 좋은데 이제 대학 가야 되지 않느냐는 것이었다. 더 좋은 길을 가고 있으니 염려 말라고, 걱정해줘서 고맙다며 미소 짓고 있다. 다른 길을 가는 것은 가끔 피곤하다. 사람들 마음도 이해가 된다. 모두에게 시간이 필요한 일이다.

세 번째 자유 실험: 공동체와 함께 하기

우리집 아이들 모두 공동체에서 제 역할을 하고 있다. 가족에서도 그렇고 모임에서도 그렇다. 입시 공부에만 전념할 특혜를 누리는 아이들이 아니다. 나는 이것이 중요하다고 믿는다. 오늘날의 교육은 열심히 공부해서 빨리 공동체를 떠나라고 가르친다. 세상에 나가서 이름을 떨치라고 부추긴다. 부모처럼 살지 말라고, 부모의 한을 풀어주라고, 고향은 늙어서나 돌아오라고 말한다. 아이가 공동체를 섬기는 것이 아니라 공동체가 아이의 입시 공부를 떠받든다. 아이는 떠날 곳만 그리며 공부를 한다. 돌아올 곳이 없는 공부를 한다. 아이의 꿈을 그리면 환호하는 관중만 있고, 섬기는 사람이 없다. 거울만 있고 창문이 없다.

떠나는 교육이 아니라 섬기는 교육이 되어야 한다. 교육의 목표는 대학이 아니라 공동체여야 한다. 가족이든 마을이든 농촌이든 도시 뒷골목이든 사람들을 사랑하고 섬기는 인생이 목표여야 한다. 공동체에서 배우고 공동체를 배워야 한다. 그게 공부다. 아이들이 자라면서 공동체도 자란다. 청소년 아이들뿐인 우리는 솔직히 진학과 취업에 대해서 아직 많은 것을 알지 못한다. 하지만 별로 걱정하지 않는다. 진리가 우리를 자유케 할 것이기 때문이다. 우리는 가족들이 모였기 때문이다.

아빠들이 모였을 때 주요 화두는 아이들의 미래다. 아이들의 대학이 아니다. 경영자, 자영업자, 회사원, 교사 등 우리 아빠들은 직업이 다양하다. 각각 색깔이 다른 보석 같은 지혜가 있다. 머리를 맞대고 무엇을 어떻게 할 수 있을까 고민한다. 이제 시작이지만 진지하게 고민하고 있다. 부모들의 경험과 지혜를 자녀들과 나누는 자리를 많이 가진다. 아이들의 재능을 발견하고 좋은 방향으로 인도하는 일을 함께 한다. 인생의 방향에 따라 선택할 수 있는 다양한 로드맵을 그린다. 취업을 하든 창업을 하든 진학을 하든 공동체에서 더 공부하든 각각의 길에 나침반과 이정표를 세우고 발전시켜간다. 적성검사, 검정고시, 건강검진 같이 함께 챙기면 좋을 것들에 지혜를 모은다. 서로 섬기고 나눌 방법을 함께 연구한다. 우리가 조금씩 해왔고

하고 있고 또 앞으로 점점 더 발전시킬 일들이다.

그동안은 아이들이 고전 읽는 가족 모임에서 섬기고 나눌 역할이 많지 않았다. 아이들이 어렸고 어른들도 어렸다. 하지만 이제 하나씩 늘어나고 있다. 하나둘 사회 생활을 하는 선배들이 생기면 더욱 풍성한 배움과 섬김이 있을 것이다. 아빠들의 일 속에서 엄마들의 수고 속에서 또 다른 나눔의 기회가 찾아올 것이다. 공동체는 생명체다. 어디로 어떻게 자랄지 우리는 잘 모른다. 꼭 무슨 마을을 이루고 돈을 모아야 공동체가 아니다. 따뜻한 기술과 느슨한 연대와 불멸의 고전이 만나면 또 다른 빛나는 공동체가 될 수 있다고 나는 믿는다. 자유는 대학이 주는 게 아니다. 공동체가 준다. 자녀의 진로를 부모 혼자 고민하지 않고 공동체가 함께 고민하는 것으로도 많은 것이 달라진다. 대학이 목표가 아님을 지지해주는 사람들과 함께 있는 것으로도 많은 것이 달라진다.

우리는 아이들을 가족이나 우리 공동체에 가둬둘 생각이 전혀 없다. 공동체에서 배우며 공동체를 배울 뿐이다. 언젠가 더 큰 공동체를 섬기기 위해서 떠날 날이 오면 힘껏 안아주며 응원할 것이다. 우리는 지금 그날을 위해 공동체와 함께 자유의 실험을 시작한 것이다.

최고의 명문 대학

인생이 공부다. 깨달은 인생은 큰 공부를 한다. 큰 사람의 큰 공부를 대학(大學)이라 한다. 우리는 매년 수능날에 모여서 동양고전 『대학』을 읽는다. 세상에서 가장 역사가 깊은 대학이다. 2000년이다. 그 첫장을 열면 길이 보인다.

> "대학의 길은, 원래 밝았으나 지금은 어두워진 덕(德)을 밝히는 데 있으며, 사람들과 어울려 살며 그들을 새롭게 하는 데 있으며, 진리에 머물며 즐겁게 사는 데 있다."

큰 공부의 길은 공동체에 있다. 참되고 아름다운 사회를 꿈꾸고 만들고 사는 데 있다. 공동체를 깨달은 사람은 이미 대학의 길에 들어선 것이다. 당당히 합격하고 인류 최고(最古)의 명문 대학에 다니고 있는 것이다. 동아시아의 옛스승들은『대학』을 모든 공부의 기틀로 삼았다. 그리고『대학』은 공동체를 공부의 목표로 제시했다. 서양의 인문학은 어떤가? 자유의 기술(liberal arts)이 궁극적으로 꿈꾼 것은 자유로운 개인이 아니었다. 자유인들이 만드는 자유로운 시민사회였다. 공동체였다.

우리 부모들은 대학을 공부한 게 아니었다. 대학교에 다녔을 뿐이다. 아이들이 가려는 곳은 대학이 아니라 대학교일 뿐이다. 좋아하는 일을 배워서 더 좋은 사회를 만들려고 대학교에 가는 것이 아니라, 대학교 나왔다는 것을 보여주려고 대학교에 간다면 이처럼 허망한 공부가 어디 있는가? 나는 길을 찾은 아이들이 대학교에 많이 가길 바란다. 지성의 영역으로 부름받은 아이들이 뛰어난 대학교에 가서 뛰어난 교수를 많이 만나기 바란다. 그러나 어떤 선택이든 자유인의 선택이길 바란다. 그 자유 실험의 첫걸음으로 우리는 대학교 천천히 가기를 선택했다. 공동체와 함께하기를 선택했다.

"그래서 대학은요?"

"이미 합격해서 잘 다니고 있습니다. 인생이 곧 대학이고, 인문학이 진짜 대학 공부인 것을 깨달았습니다. 재능과 사명에 맞는 지식과 지혜를 전해줄 좋은 교수님을 발견하면 건물 있는 대학교에 갈 생각이 있지만 천천히 생각해보려고 합니다. 지금도 배울 게 아주 많거든요."

6

사랑과
선행을
격려하며

웃고 있는
사진을
찍기까지

여기까지 쓰고 나니 지난 6년이 성공의 연속인 것처럼 보일지도 모르겠다. 물론 아니다. 진리실험이 결과적으로 소박한 꽃을 피우고 즐거운 열매를 안겨주었지만 그 과정에는 환호만 있지 않았다. 실험실에는 원래 실패가 있고 다툼이 있다. 비명도 있고 폭발도 있다. 최종보고서와 완성품은 아름답지만 연구원들은 쉽지 않은 시간을 보낸다. 명절 때마다 만나곤 했던 성룡의 홍콩 영화가 생각난다. 영화가 끝난 후에 늘 스턴트 장면을 다시 보여주었다. 최고의 장면이 만들어지기까지 얼마나 많은 반복과 실패가 있었는지 나온다. 웃고 있는 최고의 사진 뒤에는 언제나 눈물과 시행착오가 있기 마련이다.

실패의 연속

그때는 잘 몰랐다. 그냥 아프기만 했다. 지난 시간을 돌아보니 실패는 하나씩 떨어진 게 아니었다. 하나로 이어져 있었다.

시간의 실패. 가장 많이 무너진 자리였다. 어른 아이 할 것 없이 제일 어려웠다. 부모는 일과 공부와 전체 운영 사이를 오가며 일찍이 경험해보지 못한 정신없는 삶을 살았다. 늦고 밀리고 빼먹는 경우가 자주 있었다. 맨땅에 헤딩하며 기틀을 세우는 1세대의 운명은 알고 있었다. 생각보다 훨씬 힘들었다. 자녀들은 인문학 공부의 특성을 몰랐다. 우왕좌왕하며 혼란스러웠다. 교재별로 공부시간만 계산하는 방식으로 접근할 수 없었다. 상황에 따라 몰입하면 시간이 춤을 추었다. 하나에 빠지면 꼬박 하루가 들어갈 수도 있었다. 시간을 압박하는 사회적 요인이 약해진 상태에서 스스로 시간을 관리하는 것은 어른이나 아이나 모두 어려웠다.

우리만의 특별한 원인도 있었다. 우리는 커리큘럼을 새로 만들면서 갔다. 기존 것을 그대로 사용했다면 시간 배분만 하면 된다. 상대적으로 쉽다. 하지만 만들면서 가는 우리는 TV 드라마 쪽대본이 나오듯이 쫓기며 공부할 때가 많았다. 특히 학교 초기에 그랬다. 큰 그림을 미리 그려놓기는 했지만 그것만으로 수업이 운영될 수는 없었다. 커리큘럼을 만드는 사람은 시간에 쫓기고, 기다리는 사람은 시간을 허비하기 일쑤였다. 막상 해보니 생각과 달라서 중간에 바꾸거나 흐지부지되는 경우도 있었다. 문제를 알면서도 어쩔 수 없이 감내해야 했다. 다행히 커리큘럼이 자리를 잡으면서 수업은 안정을 찾아갔다.

물론 잘못된 습관과 게으름에서 오는 문제도 많았다. 가족 학교는 앉아서 공부만 하면 되는 게 아니었다. 집안일도 나눠야 하고 신경 쓸 게 많았다. 훈련이 필요한 일들이었다.

마음의 실패. 마음이 망가지면 시간도 망가진다. 결심을 지키지 못하고 관심을 조절하지 못하고 진심을 다하지 못해서 문제가 생긴다. 공부와 일 사이를 오가는 부모는 마음 전환이 쉽지 않아서 괴로웠다. 사람 마음은 로봇이 아니었다. 일하다가 스위치만 누르면 갑자기 공부 모드가 되는 게 아니었다. 마음 쓰인 일이 있으면 더욱 그랬다. 거래처 사장님과 핏대를 올리며 싸우다가 갑자기 책이 손에 잡힐리 없었다. 자녀들도 어렵기는 마찬가지였다. 우리 안에도 우리 주위에도 마음을 흔드는 것이 너무 많았다.

학교를 그만두고 일을 줄이면서 벌어지는 상황도 마음에 어려움을 주었다. 사회는 우리를 특이하게 보았다. 좋은 일거리를 마다하고 오히려 사업을 줄이는 아빠를 사회는 답답한 사람 취급했다. 자식 자랑 대학 자랑이 인생의 보람인 사람들은 엄마에게 '불안해야만 한다'고 계속 신호를 보냈다. 평일 낮 시간에 공원을 산책하는 청소년은 그 존재 자체로 '너는 누구니'라는 정체성 질문을 받아야 했다. 모임 장소를 구하러 다니면서 학교 공부 대신 고전 읽는 학생들이 있다고 하면, 에둘러서 비행 청소년이나 사회 낙오자 모임으로 취급하는 경우도 있었다. 우리 가는 길에 확신이 있어도 신경 쓰이는 것은 어쩔 수 없었다. 청소년 자녀들에게는 더 어려운 일이었다. 파편화된 인생이 싫어서 가족 중심의 통합을 추구했더니, 모두를 조각내서 자기 중심으로 통합하고 있던 세상이 우리를 불편하게 만들었다. 마음을 못잡고 시간도 못 지키는 날들이 있었다. 지혜로운 스승 솔로몬의 말을 따르지 못하는 때가 있었다.

> "무릇 지킬 만한 것보다 더욱 네 마음을 지키라. 생명의 근원이 이에서 남이니라."[25]

시험과 경쟁의 길을 계속 갔다면 어쩌면 생기지 않을 문제였다. 경쟁의 압박이 일찍 일어나게 해주고 다른 데 신경쓰지 못하게 만들었을지도 모른다. 결국 우리를 움직이는 동인(動因)의 문제였다. 무엇을 따라 사는가였다. 시험과 경쟁이 무조건 나쁜 것은 아니었다. 떨어뜨리는 경쟁이 아니라, 더 좋은 것을 나누려는 열정이라면, 나쁠 것이 없었다. 인간 등급을 매기는 시험이 아니라, 자기 진단을 위한 시험이라면, 역시 나쁠 것이 없었다. 안에서 나오는 열정으로 살 것인지, 밖에서 누르는 압박으로 살 것인지의 문제였다. 유클리드 기하학으로 8시간 넘는 수학 수업을, 그것도 발표 수업만으로 할 수 있는 힘은 외부 압박에서 나올 수 없는 것이었다. 하지만 이런 대안적 성취와 확신들을 배우기까지 마음의 실패가 이어진 것은 피할 수

---

25 • 성경전서 『개역한글판』, 대한성서공회, 잠언 4:23

없는 일이었다.

관계의 실패. 관계가 무너지면 마음도 무너진다. 마음과 마음이 부딪히면 생채기가 나기 마련이다. 가족끼리는 더 아프다. 아프다고 피할 수도 없다. 가족이어서 좋지만 가족이어서 더 어렵다. 이웃과는 잘 통하는데 부부 사이는 더 어려울 수 있다. 부모 자녀 사이도 그렇다. 가족의 다툼과 화해는 어디나 있는 일이지만 가족 학교를 열면 부담이 더해진다. 첫째, 전날 싸웠어도 다음날 식탁에 앉아서 탁상담화를 해야 한다. 회사 가고 학교 가면서 도망칠 수가 없다. 둘째, 고전에 있는 스승이 꼭 그 상처를 끄집어내게 한다. 상처를 그대로 두고 대화를 하면 위선의 시간이 되는 것을 모두 안다. 피할 곳이 없다. 우리는 서로 상처를 드러내는 것이 아프고 부끄러워서 여러 번 피했다. 많이 실패했다. 부모의 눈물과 자녀의 한숨을 솔직히 드러내기까지는 시간이 필요했다.

생활의 실패. 시간, 마음, 관계는 일상에 들어 있다. 일상은 생활 방식의 틀을 따라 움직이는 시냇물과 같다. 생활 방식이 안정되면 일상이 차분해지고, 일상이 차분하면 시간, 마음, 관계도 요동치지 않는다. 생활 방식은 사회적 삶과 관련이 깊다. 언제 어떻게 돈이 들어오고, 낮에는 각자 어디서 어떻게 지내고, 그러므로 서로에게 무엇을 기대할 수 있는지 같은 것이다. 우리는 공교육 열차에서 내리면서 생활 방식을 완전히 바꾸었다. 그런데 새로운 방식은 오랫동안 자리잡지 못했다. 계획대로 되지 않았다. 돈은 들쑥날쑥하고 바깥일은 더디게 진행되었다. 엄마도 틈틈히 일을 했지만 쉽지 않았다. 그런데도 가족 학교는 특히 아빠의 시간을 블랙홀처럼 빨아들였다. 새로 구상한 삶의 구조가 자리잡지 못하고 흔들거리자 일상은 불안해지고 다툼이 늘어났다. 개인의 결단이 아니라 사회적 시스템에 관련된 부분이어서 무력감을 느낄 때가 많았다. 부모의 신념과 신앙이 밑바닥까지 그대로 드러날 수밖에 없었다. 자녀가 사춘기가 되면 부모의 신앙이 죽은 것인지 살아 있는 것인지 알게 되는 법이다. 청소년 자녀는 진실을 알게 되고 삶으로 말로 고스란히 드러낸다. 부모가 진짜 그렇게 믿는지, 말만 그런지 시험받는 시간이었다. 부모로서 무척 아프고 힘들었다.

공동체의 실패. 어려움을 이해하는 친구가 있다면 낙심하지 않고 계속 씨앗을 심을 수 있다. 그러나 그마저 쉽지 않았다. 왜 학교까지 그만두고 그 길을 가야 하는지 공감하는 사람이 별로 없었다. 고전 읽는 가족을 비롯한 여러 모임과 만남은 아직 시작 단계였다. 응원을 기대하기보다 노력을 쏟아야 하는 상황이었다. 시작할 때는 공동체를 크게 강조하지 않았다. 너무 무겁지 않게 가족 독서나 학습 모임으로 가면서 천천히 발전시킬 생각이었다.

하지만 그 정도 선에서도 어려움이 많았다. 마음을 같이하는 분들도 많았지만 아무리 역설해도 가족 학교의 가치나 방향에 관심 없는 사람들이 있었다. 말로는 좋은 이야기를 주고받지만 속은 달랐다. 그분들은 교육의 근본 문제나 모임 전체의 비전에는 큰 관심이 없었다. 필요한 것을 얻으면 그만이었다. 가족의 내면과 인생의 변화를 이야기할 생각이 없었다. 자녀에 대한 관심은 결국 대학 걱정뿐이었다. 한 자리에 앉아도 겉도는 말밖에 나오지 않았다. 독서를 깊게 하지도 않았다. 나는 그분들에게 내 생각을 강요할 마음이 없었다. 내가 틀릴 수도 있었다. 몽상가로 보일 수도 있었다. 그렇다면 각자 옳다고 생각하는 길로 가면 되는 일이었다. 두 마리 토끼를 잡을 수는 없다. 양다리 걸치기는 언제나 실패하는 법이다. 각자 어느 방향으로 갈 것인지 솔직해질 필요가 있었다. 그러나 한동안은 뒤엉킨 가치관들 속에서 모임이 혼란을 겪을 수밖에 없었다. 공동체는 깊어지지 못하고 제자리를 맴돌았다. 고통스러웠다.

소크라테스와 울다

이런 실패와 혼란은 어떤 식으로든 늘 찾아오는 법이다. 이제는 나를 근본적으로 흔드는 문제가 되지 못한다. 그러나 한동안은 무척 힘들었다. 학교를 시작한 지 3년이 되어가던 어느 날은 완전히 탈진한 적도 있었다. 더 이상 쫓기는 생활을 견딜 수가 없었다. 가족 학교를 하면서 일과 인생과 공부가 뒤엉킨 것이 큰 이유였다. 소위 번아웃(Burnout)이었다. 로고스 고전학교를 시작하면서 가정과 학교와 가치 공동체(교회)와 일터가 하나되는 꿈을 꾸었다. 그런데 통합하는 과정에서 충돌과 실패가 이어지자 고통스러웠다. 그중에서도 일터(쉽게 말하면 돈벌이)의 통합이 가장 크게 요동쳤다. 가장으로서의 책임에 문제가 생기자 칼로 찌르는 듯한 고통을 느꼈다. 마음을 깊이 나눌 사람이나 공동체가 없어서 상처가 회복되지 않았다. 그렇다고 갑자기 쉴 수도 없었다. 시간이 엉키고 마음이 다치고 관계가 아프고 생활이 뒤틀리고 공동체가 따로 노는 상황이었다. 내가 무엇을 할 수 있겠는가? 걱정하는 주위 사람들에게 괜찮다고 웃었지만 최악이었다. 나는 내 인생에서 가장 무기력한 상태에 빠졌다.

일하는 분야에서 나름의 성공을 맛보기는 했지만 나는 평범한 사람이었다. 부모의 재산을 물려받은 것도 없고, 돈을 많이 벌어놓은 것도 아니었다. 아무리 계산기를 두드려도 안 되는 일이었다. 가족 중심의 공동체 교육은 돈을 버는 일이 아니라 돈이 들어가야 하는 일이었다. 후원자가 있는 것도 아니었다. 후원자가 있으면 뜻이 왜곡될 수 있기 때문에 욕심을 내지도 않았다. 작은 회사를 운영하고 있었지만 거기에 에너지를 쏟아도 모자란 판에 그것보다 더 많은 수고가 들어가는 학교를 운영한다는 것은 말이 되지 않았다. 처음에 로고스 고전학교만 운영할 때도 힘들었는데 여러 모임이 시작되자 도저히 불가능한 스케줄이 매주 이어졌다. 오전에 아이들과 수업을 하고, 오후에 출근해서 밤까지 일을 하고, 돌아와서 다음날 수업과 모임 준비를 했다. 이래저래 밤새는 날이 많았다. 꼭 필요한 일이라는 생각에 기쁘게 최선을 다했다. 하지만 수익을 예상했던 회사 일들이 틀어지면서 상황은 계속 나빠졌다.

내가 좀 더 이성적인 사람이고 아내가 좀 더 냉철한 사람이었다면 진작에 그만뒀을지도 모르겠다. 하지만 멈출 수가 없었다. 대안 없는 대안교육이 되지 않으려면 꿈꾸고 모이고 만들고 도전해야 했다. 사실 어떤 그럴듯한 설명도 할 수 없다. 너무 힘든 순간에도 주저앉을 수가 없었다. 설명할 수 없는 비이성이 지배했다고 말할 수밖에. 그게 소명(召命)이라면 소명이었다고 말할 수밖에.

나는 극심한 외로움에 빠졌다. 어디에도 하소연할 수가 없었다. 가족에게도 절망을 말할 수가 없었다. 나를 믿고 모험을 떠난 사람들 아닌가? 어느 날 『소크라테스의 변론』을 읽다가 펑펑 울었다. 소크라테스의 외로움이 느껴졌다. 그는 혼자였다. 철저하게 혼자였다. 곁에 아무도 없었다. 그런데도 늙은 철학자는 자신을 내치려는 사람들에게 말했다.

　　"저는 여러분을 반기며 사랑합니다. 그러나 저는 여러분보다
　는 오히려 신께 복종할 것입니다. 그리고 제가 살아 있는 동안
　은 그리고 할 수 있는 동안까지는, 지혜를 사랑하는 것도, 여러
　분께 충고를 하는 것도, 그리고 언제고 여러분 가운데 누구든
　만나게 되는 사람한테… 지적하는 것도 그만두지 않을 것입니
　다."[26]

나는 소크라테스의 발가락 끝에도 못 미치는 사람이었다. 그처럼 고귀한 일에 헌신하는 사람도 아니었다. 기껏해야 아이들 몇 명의 일이었다. 그래도 그 순간 그가 겪는 감정 몇 가지는 내게도 고압전

26·　　플라톤, 『에우티프론, 소크라테스의 변론, 크리톤, 파이돈』, 박종현 옮김, 서광사, 147쪽.

류처럼 전해졌다. 외로움, 무기력한 가장의 고통, 오해와 조롱. 나는 그에게 따지듯이 물었다.

"왜 혼자인 겁니까? 진짜 친구들은 어디 있습니까? 가족은요? 아내는 어디 있습니까? 아이들은요? 아이들은 당신을 이해하고 있습니까? 가족도 설득하지 못하면서 어떻게 아테네를 설득한다는 말입니까? 이렇게 외로운데 이러다 죽을텐데, 그런데도 왜 이 일을 계속하는 겁니까?"

나는 그를 붙들고 울었다. 할아버지에게 매달린 아이처럼 울었다. 한참을 울었다.[27]

그때 공자도 다시 만났다. 몇 번 만나서 배운 적은 있었지만 마음까지 닿은 적은 없었다. 그를 보면서 나는 또 울었다. 사람을 품었으나 사람들은 그를 받아주지 않았다. 제자 몇을 데리고 떠도는 모습을 보며 울었고, 아끼던 제자의 시신을 안고 울 때 같이 또 울었다. 아, 이 사람에게는 겨자씨만한 희망도 허락되지 않는구나! 그런데도 천명(天命)을 따라 살아가는구나! 안 되는 줄 알면서도 부딪히고 살아내는구나!

나는 그와 함께 웃기도 했다. 떠돌이들의 야외 학당에서 벌어지는 수업은 유쾌했다. 그들은 살아 있었고 뜨거웠다. 싸우고 배신하고

---

27 • 나는 소크라테스와 오랫동안 많은 이야기를 나누었다. 우리는 주로 토론을 했고 그는 항상 날카로운 질문을 던졌다. 그는 차가우면서도 따뜻한 사람이었다. 그에게 동의할 수 없는 부분이 있긴 하지만, 그는 언제나 위대한 스승이다. 생각하고 배우고 살아가는 자세를 가르쳐준다.

넘어지는 와중에서도 사람 냄새가 가득했다.

또 다른 스승도 찾아와주었다. 내가 특별하게 여기며 믿고 따르는 예수였다. 그는 내 눈물을 닦아주며 위로해주었다.

"마음이 가난한 사람은 복이 있다. 하늘 나라가 그들 것이다."

누가 뭐래도 확실한 사실이 하나 있었다. 나는 가난한 사람이었다. 영혼의 바닥이 드러난 실패자였다. 예수는 나중에 저 구름 너머에 가서 살기 전에, 지금 발 딛고 사는 이 땅에서도 하늘을 살 수 있는 방법이 있음을 일러주었다.

나는 스승이 많다. 고전을 통해 수백 명의 스승을 만난다. 그중에 특별한 스승 셋이 있다. 소크라테스, 공자 그리고 예수. 내 스마트폰에는 항상 그들이 있다. 무엇보다 1시간으로 묶은 MP3 파일들이 있다. 차를 타거나 운동을 할 때 내 귀에 이어폰이 꽂혀 있다면 스승들을 만나고 있을 것이 거의 틀림없다. 그들은 항상 내 곁에 있다.

교육의 마스터키

세 스승은 절망하고 있던 나에게 교육의 마스터키를 전해주었다. 공동체! 다시 공동체였다. 세 스승 모두 그렇게 말해주었다. 공동체가 없으면 교육은 불가능하다. 예를 들어 『논어』는 공자의 교육법을 압축해서 이렇게 설명하고 있었다.

"공자 선생님은 네 가지 방법으로 교육하셨다. '문행충신'이
었다."(子以四教 文行忠信)

네 글자에 공자의 모든 교육 노하우가 들어 있었다. 하나씩 파고
들면 4권짜리 책이 필요한 이야기였다. 교육학의 진수였다.

고전 문헌을 연구한다(文)
배운 대로 행동한다(行)
한결같이 지켜간다(忠)
서로 믿고 격려한다(信)

오늘의 교육은 대개 1번 공부(文)로 끝난다. 그것도 불멸의 고전
을 연구하는 것이 아니라 조각난 과목들을 주입하기에 바쁘다. 행동
하고 지켜가고 격려하는 일은 꿈도 꾸지 못한다. 이 모든 일은 공동
체가 있어야 가능한 일이다. 그래야 행동할 수 있고, 지켜갈 수 있고,
격려할 수 있다. 가족이 모이고 마을이 연합해서 서로 믿고 격려할
때만 가능한 일이다. 정이(程頤)는 이 구절을 주석하면서, 네 가지 교
육법 중에서 한결같음(忠)과 믿고 격려함(信)이 가장 중요하다고 말
했다. 오늘의 교육은 옛스승들에게서 멀어도 너무 멀리있다.
교육은 한번 읽고 실천하자마자(文行) 완성되는 일이 아니다. 그

랬다면 고전에 실리지도 않았을 것이다. 방금 배운 학생의 의욕적인 실천은 자주 실패로 돌아간다. 그럼에도 불구하고 계속하는 일이 필요하다(忠信). 변함없이 충성스럽게 될 때까지 하는 것이 "한결같음"(忠)이다. 이기적인 욕망의 의지가 아니다. 공동체와 함께 공동체를 위해 한결같이 가는 것이다. 끝까지 사랑과 선행을 이어가는 것이다. 그 길을 함께 가는 사람들이 서로 응원하는 것이 "믿고 격려함"(信)이다. 서로 믿으면서 사랑과 선행을 격려하는 것이다.

　고전 읽는 모임의 꿈은 고전 전문가 양성이 아니다. 행동하는 사람들이다. 달라진 인생들이다. 서로 격려하면서 그 길을 함께 걷는 사람들이다. 그렇게 이웃을 섬기고 세상을 밝히는 사람들이다.

실패를
통해
배운 것들

배움의 공동체를 꾸려가기 위해서 알아야 할 것들이 있었다. 교과서로 배울 수 없는 것들이었다. 오직 부딪히며 배울 수 있었다. 실패만이 가르쳐줄 수 있는 교훈들이었다.

1 · 우리가 모인데는 다 이유가 있다

교육 욕심이 앞서면 교육 대상을 "모자란" 사람으로 보기 쉽다. 문제가 있어서 바꾸지 않으면 큰일 나는 존재로 본다. 아이를 모자란 존재로 보면 잠재력과 가능성을 보지 못하고 뭔가를 주입하려는 욕심에 빠지게 된다. 부모나 교사의 숨겨진 욕망이 마치 아이를 위한 계획처럼 포장된다. 진로와 진학 지도라는 이름으로 폭력이 자행된다. 생생하게 숨쉬는 존재를 돌덩이로 만들어서 정으로 찍어대는 것이다.

아이는 이미 한 사람의 온전한 인격체다. 스스로 배울 수 있다. 즐길 수 있다. 꿈이 있고 재능이 있다. 씨앗 속에 이미 나무가 들어 있듯이, 그 안에 그의 인생을 위한 모든 것이 들어 있다. 씨앗 속에 나무를 주입할 수 없듯이, 우리가 뭔가를 주입할 수 없다. 흙과 물과 태양과 바람이 나무를 키우지만 나무를 바꾸는 것이 아니다. 사과나무는 사과를 맺고 포도나무는 포도를 맺을 뿐이다. 우리가 해줄 수 있는 것은 진리의 곧음에 비추어 나무가 비뚤게 자라지 않도록 돕는 정도뿐이다. 나무의 본질은 바꿀 수 있는 게 없다.

부모가 자녀에게 요구하거나 야단하는 일들을 보면, 대부분 아이를 모자란 존재로 보기 때문이다. 사과나무에는 분명 포도 열매가 없지만 그건 사과가 있기 때문이지 결핍된 존재여서가 아니다. 상대를 모자란 사람으로 보는 주장과 대화는 영혼에 깊은 상처를 준다.

어린 것은 모자란 것이 아니다. 강아지는 강아지의 아름다움이 있다. 새싹은 새싹의 아름다움이 있다. 자연의 존재들은 나이를 먹으면서 제 속의 아름다운 얼굴들을 돌아가면서 보여줄 뿐이다. 각도마다 다르게 보이는 작품처럼 하나의 아름다움이 지나고 다른 면의 아름다움이 빛나는 것이다. 어린 것은 모자란 것이 아니고 늙은 것은 지나친 것이 아니다.

배움의 공동체는 서로를 온전한 존재로 받아들일 필요가 있다. 남편은 아내를, 아내는 남편을, 부모는 자녀를, 자녀는 부모를 그렇게 받아들여야 한다. 상대를 "교육해서" 자신이 원하는 모양으로 바꾸려해서는 안 된다. 교육이 아니라 폭력이다. 그들의 몸에서 영혼을 뽑아내려는 것과 다름없다. 우리가 상대의 나쁜 점이라고 여기는 것은 좋은 점의 뒷면일 때가 얼마나 많은가? 만약 그에게서 우유부단을 뽑아내면 그는 세심함도 잃게 될 것이다. 만약 그에게 결단성을 쑤셔넣으면 그는 무심함도 지니게 될 것이다.

부부는 그 옛날 왜 사랑에 빠졌는가? 상대가 나와 달랐기 때문이다. 달라서 사랑에 빠진 부부가 이제는 달라서 못살겠다고 하는 것이다. 변한 것은 자신이지 상대가 아니다. 그는 항상 같은 모습이었다.

온전하다는 것은 완벽하다는 것이 아니다. 완벽함은 신의 속성이며 신에게서 기대할 뿐이다. 온전하다는 것은 원래 그대로의 모습이라는 것이다. 그는 온전하지만 부족한 것이 있을 수 있다. 그 부족한 것을 주입하라고 요구하면 안 된다. 그의 온전함을 잃게 된다. 당신 눈에 그것이 보이는 것은 당신이 그것을 가졌기 때문이다. 당신이 채워주면 된다. 그러라고 부부가 된 것이다. 가족이 된 것이다. 공동체가 된 것이다. 온전하지만 우유부단한 그 사람을 위해, 온전하지만 결단성 있는 당신이 옆에 있는 것이다. 덕분에 무심한 당신이 그 사람의 섬세함으로 위로 받는 것이다. 결단성 있는 다리와 섬세한 손이 만나서 한 몸을 이루는 것이다. 주위를 둘러보면 눈이 되고 귀가 되고 입이 되어 나머지 몸을 이룰 사람들이 또 곁에 있을 것이다. 부부가, 가족이, 공동체가 그렇게 한 몸이 되어 자란다. 교육은 상대를 바꾸는 것이 아니라 함께 자라는 것이다. 그럴 때야 우리는 함께 하나의 "완벽한" 사람이 되어간다.

배움의 공동체는 있는 그대로 서로를 인정하는 사람들이다. 이것을 깨닫지 못하면 공부할수록 요구하는 게 많아지고 배울수록 서로에게 상처를 주게 된다. 있는 그대로 서로를 인정하고 서로의 조화를 발견하게 되면 각자의 재능과 적성의 실마리도 찾을 수 있다. 공부할 방향을 발견하고 섬김의 방향도 발견할 수 있다. 뭘 공부해서어디 쓸지 알게 된다.

아이가 19살에 대학에 안 가면 모자란 사람이 된다고 생각하는 부모들이 있다. 엉뚱한 시기에 엉뚱한 대학에 가서 엉뚱한 열매를 강요받는 불행한 인생을 살 수 있다는 것은 생각하지 않는다. 아이는 부모의 그림과 다르다. 사과나무에서 포도를 기대해서는 안 된다. 아이에겐 아이의 열매가 있다. 부모가 좋아하는 열매를 뒤적거리지 말고 아이가 어떤 열매의 나무인지에 관심을 가져야 한다. 주입하고 시험볼 테니 쓸모있는 사람인 것을 증명하라고 요구하는 것은 교육이 아니다. 인정하고 믿어주고 보여주고 기다려주고 함께 있어주는 것이 교육이다.

나는 수없이 실패를 겪고서야 이 사실을 배웠다. 나 자신에게도 적용할 말이었다. 나는 이미 온전한 작품이다. 우리는 이미 온전한 작품이다. 모자란 것이 아니다. "우리로 모였기에" 함께 성장하게 되는, 하나의 위대한 작품이다. 완벽하다. 우리가 모인 데는 다 이유가 있다.

2 · 손주를 기대하며 자녀를 가르친다

조급함이 교육을 망친다. 공동체를 망친다. 배움의 공동체를 꿈꾸고 대안교육을 하는 부모와 교사들이 우리 아이에게서 꿈이 이루어질 것으로 믿는다면, 좌절하게 될 것이다. 차라리 시작하지 않는 게 좋다. 좌절이 거듭될 것이고 분노가 이어질 것이다. 자신에게 분노하고 아이에게 분노할 것이다. 꿈꾸는 변화는 우리 아이가 아니라 아이가 낳을 손주 세대가 되어야 찾아올 것이다. 내 말이 아니라 공자의 말이다.

> "진정한 왕이 다스려도 한 세대는 지나야 인간다움이 실현될 것이다.(如有王者 必世而後仁)"

하늘이 내리고 백성이 받드는 진정한 왕도 최소 30년(한 세대)이 필요한데 우리가 무슨 수로 몇 년에 바꾼단 말인가? 그나마 세상을 바꾸는 게 아니라 우리 집안만 바꾸는 것이기에 한 세대를 생각해볼 수 있는 것이다.

교육의 열매는 스며드는 시간이 있은 후에야 꽃핀다. 정이(程頤)는 위에 나오는 공자의 말을 주석하면서, 훌륭한 사람이 지도자가 되면 법도와 기강을 빠르게 바로잡고 교화를 시행할 수는 있지만, 인간다움과 의로움(仁義)이 뼛속까지 스며들어야(淪於骨髓) 비로소 진정한 변화의 열매가 찾아온다고 말했다. 제도적 변화가 삶으로 나타나려면 한 세대가 필요하다. 나는 우리집 아이들에게 자주 이렇게 말한다.

"아빠는 너희가 낳을 손주들을 생각하면서 씨앗을 심는 중이다. 너희에게 당장 큰 성과를 기대한다면 우리는 지금 참 어리석은 일을 하고 있다. 뭐든 빠른 성과를 원한다면 지금 당장 너희를 기숙학원에 보내는 게 맞다. 우리는 멀리 보고 간다. 가족 학교를 통해서 아빠 엄마도 복을 얻고 너희도 기쁨을 누리고 있지만, 여전히 엉성한 것 투성이다. 하지만 너희의 아들 딸들이 배우는 날이 오면 많은 것들이 꽃피어 있을 것이다."

가족 학교와 인문교육은 잊혀진 교육이었다. 책으로만 존재했을 뿐이다. 우리 부모와 교사 세대는 아무도 그렇게 교육받지 못했다. 책만 보고 더듬어 가르칠 뿐이다. 인문학을 삶으로 경험하지 못한 부모가 어떻게 삶으로서의 인문학을 가르치겠는가? 시행착오를 겪으며 일생에 걸쳐 배운 아이가 손주에게 가르칠 수 있을 뿐이다. 우리 손주만이 아니라 손주들의 "세대"가 널리 선한 열매를 누리기 바란다. 오늘 우리가 흘리는 땀의 의미가 거기 있다.

3 · 넘어지면 일어서면 된다

거창한 결단과 계획일수록 좌절감이 크다. 실수를 실패라고 느끼고 실패를 끝장이라고 느낀다. 한 번의 다툼을 세계대전처럼 치른다. 작은 행동과 말에 온갖 의미를 붙인다. 별거 아니다. 그냥 잘못했다고, 실수했다고 말하고 다시 하면 된다. 잠시 부끄러우면 된다. 홀홀 털어버리고 다시 문을 두드리자. 그러면 된다. 그게 인생이다. 사는 맛이다.

4 · 이성으로 안 되는 신비가 있다

인문교육에도 단점이 있다. 이성(理性)에 모든 기대를 거는 것이다. 세상에는 이성으로 해결할 수는 없는 신비가 있다. 이성은 고귀한 선물이지만 완벽한 선물은 아니다. 진리는 이성으로만 알 수 있는 것이 아니다. 인문교육을 하면서 철저하게 훈련하는 것은 좋지만, 지나치면 메마른 사람이 될 수 있다. 사람은 이성만 가진 존재가 아니다. 파스칼은 『팡세』에서 말했다.

> "우리는 이성뿐 아니라 가슴을 통해서도 진리를 안다. 삶의 기본 원리들은 가슴으로 안다. 이성은 이런 것들을 아는데 관련이 없다. 오히려 이런 것들을 반박하려 하는데, 쓸데 없는 짓이다."

사랑은 설명할 수 없다. 이성으로 현상을 볼 수 있지만 궁극의 신비는 그 너머에 있다. 아내를 움직이고 남편을 움직이는 것은 이성과 논리가 아니다. 작은 몸짓과 눈물이다. 지붕을 두드리는 빗소리, 거실을 채우는 진한 커피향, 저 멀리 아련한 추억들. 일상에도 이성

너머의 것들이 가득하다. 그랜드 캐니언의 장관을 이성의 언어만 가지고 제대로 전달하는 사람을 나는 아직까지 본 적이 없다. 인문학 자체에서도 문법과 논리를 지나 수사 단계로 넘어갈 때는 논리의 한계를 깨닫는 것이 중요하다. 가슴, 직관, 영감, 신비. 첨단 디지털 시대에 오히려 잊지 말아야 할 단어들이다. 인문학의 한계를 인정할 때 인문학은 자기 자리를 찾아 더 찬란하게 빛난다.

5 · 교육의 식탁은 풍성해야 한다

인문교육은 교육의 끝이 아니다. 인문교육이 자유로운 영혼을 꿈꾸는 모든 사람의 기본 교육인 것은 분명하다. 하지만 다양한 삶이 있는 공동체 전체의 눈으로 보면 하나의 단계일 뿐이다.

배움의 공동체는 학생들에게 인문교육의 다음 단계를 미리 보여주거나 다른 영역을 맛보게 해주어야 한다. 그래야 배움이 더 풍성해지고 큰 그림을 잃지 않는다. 인문교육은 보편적 기술에 대한 교육이기 때문에 실용 지식이나 직업 훈련 요소가 없다. 우리의 눈이 하늘을 향해도 우리의 발은 땅에 살아야 한다. 학생들에게 직업의 세계, 먹고 사는 일의 수고로움, 땀 흘림의 가치 등을 알려주어야 한다. 인문교육 후에 전문 교육(전공 교육, 직업 교육, 실용교육)이 이어질 것임을 알려주어야 한다.

또한 인문교육이 좁은 교육이 되지 않도록 시야를 넓혀줄 필요가 있다. 그리스 로마 시대에 기술적 훈련이던 인문교육은 오늘날 학문 분야로 발전해서 인문학이 되었다. 사회과학, 자연과학과 함께 학문을 구성한다. 다시 말해서 학문 과목으로 보면 우리가 알아야 할 것은 사람(인문학), 이웃(사회과학), 자연(자연과학)이다. 원래의 인문교육은 모든 학문과 연결되어 있지만, 역사의 발전 과정이 그랬듯이, 인간 내면에 관심을 가지다가 자칫하면 이웃과 자연에 소홀해질 수 있다.

인문교육을 줄이고 다른 과목을 대폭 늘려야 한다는 뜻이 아니다. 모두 한꺼번에 교육해야 한다는 것도 아니다. 인문교육에 집중하면서 여가 활동 등을 통해 지식의 풍성함과 삶의 다양함을 나누자는 것이다. 공동체가 다채로운 식탁을 선보이는 것이다. 인문교육으로 주된 식사를 하고, 실용 지식(컴퓨터 등), 직업, 이웃, 자연에 대한 즐거운 이야기를 간식 삼아 제공한다면 배움의 공동체는 더 건강하게 자랄 것이다.

사실 인문교육과 실용교육은 역사 속에서 진자 운동을 하면서 각자의 우월성을 주장해왔다. 산업혁명 이후에는 실용교육이 큰 틀에서 우위를 보였다. 지금은 대학마저 실용교육에 압도된 상태다. 그런데 지식 혁명과 디지털 혁명이 깊어지면서 인문학에 대한 관심이 다시 높아졌다. 본질과 통합이 이슈가 되기 때문이다. 시대를 이끌며 이웃을 섬길 사람을 위해 공부 순서를 제시한다면 아래와 같이 조합될 것이다.

① 인문 지식: 인문교육을 통한 배움의 기술 습득

② 전문 지식: 재능과 소명에 맞는 전문 분야 지식 습득

③ 통합 지식: 전문 지식과 배움의 기술을 통한 지식들의 통합

6 · 우리보다 더 큰 공동체와 함께한다

가족의 회복을 외쳤는데 가족이 더 병들 수 있을까? 그럴 수 있다. 가족이 우상이 되면 그렇다. 가족밖에 모르면 우상이 된다. 진리는 변두리로 밀려난다. 우리집도 잠시 그런 오류가 있었다. 가족 학교에 집중하다보니 여기서 벌어지는 일들이 세상 전부인 것처럼 느꼈다. 우리끼리 문제가 있으면 세상 최악의 문제라 느끼고, 우리끼리 좋으면 세상이 천국이 된 것처럼 느꼈다. 위험 신호다. 공동체는 배움의 동지일 뿐 진리의 잣대가 될 수 없다. 진리는 다수결이 아니다. 공동체가 크든 작든 똑같다. 가족이 중요하다는 것과 가족이 우상이 된다는 것은 다른 문제다.

어떤 것의 존재 이유는 더 큰 몸의 일부가 되기 위해서다. 가족의 존재 이유는 마을의 일부가 되기 위해서다. 가족 자체가 최후 목적이 아니다. 마을도 도시도 나라도 그보다 더 큰 것의 일부로 존재한다.

가족이 우상이 된 증상 하나는 가족의 문제를 정직하게 대면하지 않는 것이다. 다른 사람의 충고를 듣지 않고 가족 안으로 숨는다. 가족에서 용인되면 세상에서도 용인될 것처럼 착각한다. 반대로, 가족에서 욕먹으면 세상에서도 끝장난 것처럼 오해하기도 한다.

치유책은 하나다. 어떤 공동체든 자신보다 더 큰 공동체에 헌신하

고 봉사하는 것이다. 가족이 마을이나 또 다른 공동체의 일원이 되어 섬기는 것이다. 그 속에서 자신들을 보는 것이다. 봉사하며 존재 이유를 확인하고 기쁨을 누린다. 다른 가족을 보면서 자신들을 돌아본다. 물론 그 과정에서 우리 가족 학교의 비전을 손상시키거나 타협하라는 뜻은 아니다. 가능하면 우리 가족과 뜻이 통하는 모임을 찾는 것이 좋다. 하지만 완벽하게 입맛에 맞는 공동체는 없기 때문에 적절한 선에서 우선순위를 따라 결정해야 한다.

공동체가 힘을 합쳐 공동선(共同善)을 위해 아이디어를 내고 프로젝트를 수행하고 헌신하는 것은 교육을 위해서도 중요하다. 함께 도전할 것이 있어야 각 사람이 깨어난다. 각 구성원의 개성과 역할이 드러난다. 몸의 각 부분이 살아나서 고민하고 공부하기 시작한다. 공동체에서 자기 역할을 찾지 못한 사람은 구경꾼밖에 되지 못한다. 강의는 듣지만 배우지는 못한다. 함께 있어야 배울 수 있다. 실천하고 섬길 때 배울 수 있다.

7 · 구성원 모두와 가치를 공유한다

내가 한동안 크게 실수했던 부분이다. 가족 학교의 비전과 가치를 아이들과 충분히 공유하지 않았다. 좋은 학교를 세워서 좋은 것을 전해주고 싶다는 생각을 "내 마음에만" 간직하고 결과물만 보여주었다. 말로는 가족 모두가 파트너이고 연구원이라고 하면서 실제로는 가치와 방향을 공유하지 않았던 것이다. 그렇게 되면 구성원들은 리더가 들고 온 결과만 보게 된다. 리더는 늘 평가받는 기분으로 결과물의 완벽성에만 노심초사하게 되고, 구성원들은 기다리기만 하는 수동적인 모습이 된다. 리더는 그런 구성원들을 보면서 야속하게 느끼고 불만이 생긴다. 왜 이렇게 내 마음을 모르냐고 화를 내지만 정작 "내 마음"은 보여준 적이 없다. 자녀들은 부모 생각보다 훨씬 더 깊고 어른스럽다. 이미 어른이다. 가족 학교의 방향은 물론이고 현실적인 어려움까지 기꺼이 나눌 필요가 있다. 그래야 공동체가 정말로 공동체가 된다. 구성원들 스스로 할 일을 찾으며 적극적으로 참여하게 된다. 공동체의 부족한 부분에서 자신의 역할을 찾게 된다.

아이들은
떠난다

결혼하기 전에는 결혼식에 가면 신랑 신부만 보였다. 이제는 양가 부모가 더 많이 보인다. 결혼식에는 새로운 만남이 있지만 이별도 있다. 어느 결혼식에서 신랑 신부를 위해 부모가 노래하는 것을 본 적이 있다.

"이 여인이 정말 내가 안아주던 꼬마인가?

이 청년이 정말 그 장난꾸러기 소년인가?

나이 먹는다고 생각 못했는데

언제 이렇게 커버렸지? …

조그만 아이였던 게 엊그제 같은데

해가 뜨고 해가 지고…
세월은 빨리도 흐르네
새싹은 하룻밤새 해바라기꽃이 되어
우리 앞에 활짝 피었네…
계절은 가고 또 오네
행복과 눈물을 가득 안고서…

내가 나눌 지혜는 무엇일까?
인생살이 쉬워지게 도울 수 있을까?

이제 둘이 서로 배우며 살아야지
그렇게 매일 매일"

    1971년에 나온 뮤지컬 영화 〈지붕 위의 바이올린(Fiddler On The Roof)〉 결혼식 장면에 나오는 노래다. 언젠가 아이들은 떠난다. 공동체를 이루고 함께 잘 사는 것만큼이나 잘 떠나보내는 것도 중요하다.

    '고전 읽는 가족' 모임에 참가 신청을 할 때 필수 과제가 있다. 〈지붕 위의 바이올린〉을 온 가족이 함께 보고 감상문을 쓰는 것이다. 지키는 사람과 떠나는 사람들의 웃음과 눈물을 만날 수 있는 영화이기 때문이다.

보낼 준비가 안 된 부모

선택은 늘 어렵다. 누구를 만나고 무엇을 사고 어디로 갈지 골치가 아프다. 만약 선택을 대신해주는 마법사가 있다면 인생이 덜 힘들지 않을까? 시시콜콜 다 결정해주는 진짜 마법사를 찾았다면 지적 자살을 했다는 뜻이겠지만, 그래도 사람들에게 나침반 정도는 필요하다. 사람들이 종교를 찾고 철학에 몰두하고 역사를 뒤적이는 이유는 모두 나침반을 찾는 것이다. 〈지붕 위의 바이올린〉의 주인공 테비에는 '전통'이 최고의 나침반이라고 믿었다.

1905년 러시아 우크라이나 지역에 작은 유대인 마을이 있었다. 같은 신앙을 가지고 친밀하게 살아가는 공동체 마을이었다. 테비에는 떠돌이 민족으로 살아가는 자신들의 인생을 가리켜 지붕 위에 서 있는 바이올린 연주자라고 불렀다. 불안하게 버티면서도 아름다운 가락을 연주하는 것이 꼭 자신들을 닮았기 때문이었다. 마을 사람들의 일상에 균형과 조화를 주는 것은 전통이었다. 각자 무엇을 할지 다 정해져 있었다. 아빠와 엄마도 할일이 나뉘어 있고, 아들과 딸의 인생길도 정해져 있었다. 그들은 전통을 이렇게 노래했다.

"세 살이면 히브리 학교. 열 살이면 장사 배우고.
신부감도 정해졌네. 예쁘면 좋겠네.

누굴까? 엄마가 바느질 가르치는 사람은.

결혼할 준비하네. 아빠가 누구를 고르든.

딸이지! 딸이야! 이것이 전통!"

　그들은 성실하고 따뜻한 사람들이었다. 전통이 주는 안정감 속에서 소박하고 평화롭게 살았다. 서로 도우며 자급자족하는 시골 마을이었다. 테비에는 젖소를 기르며 마을에 우유를 대는 일을 맡고 있었다. 가난한 살림이었지만 아내와 다섯 딸과 함께 소소한 행복을 누리며 살았다.

　하지만 마을은 홀로 존재하는 곳이 아니었다. 격동의 역사를 피해갈 수 없었다. 러시아는 혁명의 기운에 휩싸여 있었고 반유대주의의 먹구름이 마을에 다가오고 있었다. 산업화의 물결이 조금씩 흘러왔고, 소외받던 계층이 해방을 외치는 목소리도 전해졌다. 변화의 물결은 전통에 안주해있던 테비에 가족에게도 찾아왔다. 딸들에게는 설레는 만남이 다가왔다. 전통대로 딸들의 결혼을 생각하던 부모는 뜻밖의 벽에 부딪히게 되었다.

　작품은 급변하는 시대 속에서 흔들리는 가족의 모습을 잘 보여준다. 따뜻하고 유쾌하게 그려지지만 그래서 더 슬프고 아프다. 부모는 전통과 자녀의 행복 사이에서 갈등하고, 자녀는 가족과 새로운 사랑 사이에서 갈등한다. 아빠 테비에는 무너져가는 전통을 지키려고 안간힘을 쓴다. 지켜야 하는가, 떠나 보내야 하는가? 테비에는 아무리 세상이 변해도 변하지 않는 게 있다고 믿었다. 테비에는 아내와 딸을 사랑했다. 좋은 아빠이며 좋은 남편이었다. 하지만 안타깝게도 좋은 스승, 좋은 리더는 아니었다.

그는 자녀를 떠나보낼 생각을 하지 않았다. 아이들이 가정을 이루어도 마을에서 부모가 정해주는 사람과 살아야 한다고 생각했다. 그것이 전통일 뿐 아니라 아이들의 행복이라고 믿었다. 더 넓은 세계로 아이들을 보내려 하지 않았다. 아빠의 무릎 위가 이제는 행복의 터전이 아니라 행복의 추억일 뿐이라는 사실을 인정하고 싶지 않았는지도 모른다. 아이들에게 더 큰 세계가 필요하고, 세계가 아이들을 필요로 할 수 있다는 생각은 하지 못했다.

테비에의 또 다른 안타까움은 전통을 지킨다고 하면서도 전통을 잘 몰랐던 것이다. 전통에 대한 맹신만 있을 뿐 참된 지식이 없었다. 인생 모든 것을 논리적으로 설명할 수는 없다. 하지만 자신과 가족이 믿고 따르는 것이라면 분명하게 알 필요가 있다. 테비에는 잘 몰랐다. 옳다고 생각했지만 왜 옳은지 몰랐다. 가난한 가장에게 공부할 시간이 어디 있냐고 말할 수도 있다. 안다. 쉽지 않은 일이다. 하지만 박사 학위를 따는 공부가 아니다. 인생길을 찾는 배움이다. 가족의 운명이 걸려 있다. 테비에는 지식이 없어서 가족들을 가르칠 수 없었다. 관습과 규칙만 고집스럽게 지킬 뿐이었다. 인생과 신앙의 교육을 모두 다른 사람에게 맡겨놓았다. 딸들의 정신적 성장과 변화를 감지하지 못했고, 인생에서 배운 지혜를 나누지도 못했다. 뒤늦게 대화를 하고 싶었을 때는 이미 딸들의 세계와 단절된 뒤였다. 결국 부모 곁에 남을지 떠날지 극단적인 선택만 남게 되었다.

만약 테비에가 자신이 믿는 가치에 대해서 공부하고 자녀들과 나눴다면, 자녀들이 결혼하고 독립하더라도, 먼 지방에 살게 되더라도, 가족과 가족의 연대를 통해 더 큰 가족을 이룰 수 있었을 것이다. 각자의 가족 학교가 있으면서 함께 꿈꾸는 큰 학교를 이룰 수 있었을 것이다. 자녀들과 생각을 나누는 시간이 있었다면 자녀들의 생각과 호기심이 지성의 식탁에 올려졌을 것이다. 그랬다면 자녀들이 접한 사상을 빨리 알고 방법을 찾았을 것이다. 그것이 정말 옳은지 그른지 함께 생각해보고, 인생의 선배로서 방향을 바꾸게 하거나, 바꾸지는 못해도 뭔가는 배웠을 것이다. 반대에도 불구하고 아이가 끝내 다른 길로 갔더라도 영원한 단절이 아니라 느슨한 연대는 지켜갈 수 있었을 것이다. 아이들의 떠남이 단절이 아니라 더 크고 넓은 연대의 시작이 되었을 것이다.

테비에는 깨지고 부서지는 순간에도 자녀들의 행복을 생각했다. 그래서 더 마음이 아프다. 테비에는 우리 어르신들의 세대를 닮았다. 전쟁과 가난의 폐허 속에서 오직 가족만을 생각하며 고생한 세대다. 새벽부터 일어나 묵묵히 성실하게 벽돌을 짊어지고 살았다. 그들의 벽돌이 지금 우리가 누리는 모든 것의 기반이 되었다. 우리 아이들의 할아버지 할머니들은 정말 최선을 다했다. 남김없이 불꽃을 태웠다. 그들에게 허점이 보이고 아쉬움이 남는다면 그것은 그들만의 잘못이 아니다. 거기까지 완벽해야 한다고 무작정 요구하거나 비판만 할 수 없다. 후손들이 함께 풀어야 할 일이다. 어르신들에게 진심어린 고마움과 감사를 전하면서 잃어버린 대화를 다시 찾는 일부터 실타래를 풀어가야 한다.

늘 그렇듯이 세월은 가고 미래는 어느새 현재가 되었다. 할머니 품에 있던 아이는 이제 부모가 되었다. 지금 부모 품에 있는 아이도 언젠가 또 부모가 될 것이다. 부모의 역할은 언제나 같다. 잘 지키고 잘 떠나보내는 것이다. 학생이 떠날 날의 모습을 생각하며 교육하는 것이 진짜 교육이다. 내 품의 아이를 조각하는 것이 교육이 아니다. 교육을 시작한다는 것은 떠나보낼 준비를 시작한다는 것이다.

세상에 나간 아이들

〈지붕 위의 바이올린〉에서 집을 떠난 아이들은 어떻게 되었을까? 그 모습을 보여주는 영화가 2017년에 개봉되었다. 〈원더우먼(Wonder Woman)〉이다. 일반적인 판타지 액션 영화지만 나는 영화 속에서 대안교육을 받은 아이가 세상에 적응해가는 이야기를 볼 수 있었다.

영화 줄거리는 단순하다. 신비의 섬에서 아마존 여전사로 교육받은 주인공이 제1차 세계대전에 뛰어들어 독일군 악당의 음모를 막아내고 전쟁의 신 아레스를 물리친다는 이야기다. 원래 의도나 줄거리와 별개로 '교육'이라는 주제로 영화를 보면 생각할 부분이 많다. 책상 학교를 지나서 인생 학교로 진학한 아이들의 여정을 만날 수 있다. 주인공이 숨겨진 섬 데미스키라에서 배우고 떠나는 장면까지도 생각거리를 많이 제공하지만, 가장 눈에 띄는 것은 섬을 떠나 세상에 들어가서 벌어지는 일들이다.

학교에서 사회로 첫발을 옮긴 아이들은 무엇보다 혼란을 느끼게 된다. 하루가 다르게 발전하는 도시 문명은 책에 나오지 않는 이상한 것들을 많이 펼쳐놓고 있다. 원더우먼은 손목시계를 처음보고 이상하게 생각한다. 조그만 기계가 시키는 대로 먹고 자는 것이 이상했다. 인간의 자유는 어디로 간 것일까? 백화점에 진열된 화려한 옷들도 용도가 무엇인지 이해할 수 없었다.

책과 현실 사이에는 어휘와 개념의 차이도 있다. 그녀의 사전에는 '비서'라는 말이 없었다. 무슨 직업인지 알 수가 없었다. 다른 사람이 시키는 대로 일한다는 설명을 들은 그녀는 '노예'를 떠올렸다. '남자'의 존재도 이상했다. 아마존 전사는 남자를 출산 목적 외에는 불필요한 존재로 여기지만, 학문적 차원에서 결혼과 성에 대해서 공부했다. 『쾌락론』이라는 12권짜리 책까지 읽었다. 더 알 필요가 없다고 생각했지만 실제로 만난 남자는 낯설면서도 호기심이 생기는 존재였다. 더구나 실제 세상은 '여성'을 차별하고 있었다. 중요한 회의에는 여성이 입장조차 할 수 없었다. 그런가하면 '장군'이라는 사람은 적을 물리칠 생각은 안 하고 협상 이야기만 늘어놓고 정치 놀음을 하고 있었다. 배우지 않은 말, 배운 것과 다르게 쓰이는 말, 알고 있던 것과 다른 현실이 세상에 나온 원더우먼을 혼란스럽게 만들었다.

대안교육을 받은 아이들은 공교육을 받은 아이들보다 세상에 나왔을 때 더 큰 어휘 충돌을 경험하게 된다. 모든 교육 과정은 어떤 세계를 가르친다. 각 세계마다 언어가 있다. 교육 과정이 다르면 언어와 어휘가 다르다. 공부하는 어휘 영역에 차이가 있고, 정의와 쓰임새도 다르다. 어휘 형성에 큰 영향을 주는 대중 문화와의 접촉 정도에 따라서도 차이가 생긴다. 물론 이런 혼란은 부정적인 것이 아니다. 자연스러운 과정이다. 진행되면서 인간과 세상을 더 잘 이해하게 된다. 인문교육의 특성에 따라 어휘를 정확하게 구사하는 훈련을 했다면 본질을 이해하고 현상을 설명하는 데 도움이 된다. 예를 들어 일상적으로 쓰는 '아름답다', '좋다', '행복하다'는 말은 깊이 들어가면 책 한 권의 고민이 필요한 말이다. 원더우먼이 고민했던 '여성', '비서', '시계', '장군'도 생각해보면 그냥 지나칠 말들이 아니다. 영어 하나를 배워도 학교 영어와 직장 영어가 다르다. 책과 세상 사이의 거리를 좁혀가는 일은 또 다른 배움의 시작이다.

어휘 충돌은 세계관 충돌과 이어져 있다. 섬에서 배울 때 원더우먼의 세계관은 단순했다. 전쟁의 신 아레스만 없으면 세상이 평화로워진다고 믿었다. 아레스만 죽이면 독일 사람들은 다시 착해질 것이고 전쟁은 끝난다고 생각했다. 처음 세상에 나왔을 때 그녀의 관심은 온통 아레스뿐이었다. 하지만 막상 아레스를 만나자 선악의 경계가 그렇게 분명하지 않다는 것을 알게 되었다. 아레스는 이미 인간 속에 있는 마음을 부추길 뿐이었다. 아레스를 죽인다고 평화가 오는 게 아니었다. 고향까지 버리고 구하려 했던 인간이라는 존재가 선하기만 한 게 아니었다. 인간은 구할 만한 가치가 있는 존재인가? 그녀는 극심한 혼란에 빠졌다.

학교에서 교육 받을 때 세상은 흑백처럼 보일 때가 많다. 좋은 편

나쁜 편이 쉽게 나뉘고 나쁜 놈 대장만 처리하면 지구는 평화를 되찾을 것처럼 보인다. 현실은 다르다. 단순 대결 구도는 깨지고 누구를 처리하고 무엇을 바꿔야 지구에 평화가 오는지 감이 잡히지 않는다. 지구에 정말 평화가 필요한 것인지도 헷갈린다.

그러나 이것 역시 자연스러운 과정이다. 세상과 처음 조우하면 누구나 겪는 일이다. 아니 세상을 오래 살아도 마찬가지다. 자신이 믿는 관점이 정말 맞는지 질문하는 순간들이 찾아온다. 책이나 영화를 보는데 말도 안되는 주장을 담은 장면이 나올 때, 몸이 심하게 아플 때, 가까운 사람이 세상을 떠났을 때, 눈엣가시 같은 직장 동료나 상사가 엉뚱한 주장을 할 때, 어떤 모임의 리더가 되어서 큰 생각을 품어야 할 때, 봉사 활동에 갔는데 나와 다른 가치관을 가진 사람이 나와있을 때…. 이런 생각의 충돌은 인생살이에서 일상적인 풍경이다. 뒤늦게 당황하면서 도망치거나 얼어 있을 게 아니라 미리 대비하고 가는 것이 지혜롭다.

인생 여행자를 위한 네 가지 준비

부모는 늘 걱정한다. 부모 마음이 그렇다. 자녀들이 인생 여행을 잘 해낼지 몰라 밤잠을 설친다. 떠날 사람은 떠나보내야 한다. 품 안에 묶어두는 것은 해결책이 될 수 없다. 계속 공부만 시키는 것도 말이 안된다. 인생의 모든 지혜를 배우고 떠나는 날은 존재하지 않는다. 어른들도 모르는 인생의 "모든" 지혜를 어떻게 가르치고 배운단 말인가? 물론 살면서 배우라며 무작정 내보낼 수도 없다. 부모의 직무유기다. 그러면 어떻게 해야 하는가? 부모와 스승이 해줄 일이 있다. 평생 먹을 모든 물고기를 배낭에 담아줄 수는 없지만, 낚시하는 방법은 알려줄 수 있다. 인생 여정에 큰 힘이 되는 네 가지 준비를 도와줄 수 있다.

1. 세계지도: 분명한 세계관

가장 먼저 준비해야 할 것은 세계지도다. 여행할 세상에 대해 자신의 관점을 분명히 가지고 떠나는 것이다. 세계관이나 가치관이라고 부르는 관점이 뚜렷해야 한다. 지도 없이 여행을 가는 것은 방향 없이 의미 없이 거리를 떠돌다가 이 세상을 떠나겠다는 것과 다름없다.

세계관은 세상을 움직이는 통일된 원리를 그린 지도다. 우리가 믿고 살아가는 종교, 사상, 가치는 결국 인생의 모든 지점을 한 줄로 엮어서 지도처럼 만든 것이다. 폴 고갱의 유명한 그림 제목을 듣고 대답하는 것이 곧 세계관이다.

"우리는 어디서 왔는가? 누구인가? 어디로 가는가?"

완벽한 세계관을 가지고 시작하라는 것이 아니다. 그렇게 출발했던 인생은 하늘 아래 없었다. 마지막 눈을 감을 때 완벽한 것을 가지고 숨을 거두는지도 모를 일이다. 완벽하게 시작하는 게 아니라 배우면서 가는 게 인생이다. 대신 "분명한" 세계관을 가지고 시작해야 한다. 내가 무엇을 믿고 어떻게 보고 어떻게 살아가는지 뚜렷해야 한다. 단순한 세계관이어도 좋다. 분명하면 된다.

백범 김구는 열두 살 때 "과거에 급제해야 한다"는 단순한 목표를 세우고 세상에 나왔다. 그를 움직이는 단순한 목표는 단순한 세계관에서 나왔다. 그의 생각을 정리하면 다음과 같았다.

> "우리 집안은 원래 양반이었다. 그런데 김자점이라는 조상님이 반역죄를 저지르는 바람에 집안이 화를 입고 도망치게 되었다. 살기 위해서 신분을 숨기고 상놈 노릇을 하다가 진짜 상놈 집안이 되고 말았다. 양반과 상놈의 차별이 심한 세상에서 제대로 살아가려면 양반이 되어야 한다. 양반이 되려면 과거에 급제해야 한다."

김구는 이런 관점으로 세계를 보는 세계지도를 품고 공부를 시작했다. 험한 산을 마다하지 않고 십리길을 걸어다닌 힘이 거기서 나왔다. 완벽한 세계관은 아니었으나 분명한 세계관이었다. 판단하고 행동할 힘과 지혜를 주었다. 분명한 세계관이면 된다. 살다보면 세계관과 현실 사이에 괴리를 느끼는 날이 있다. 그때 상황을 돌아보면서 배우고 바꿔가는 것이다. 김구는 열일곱 살에 과거 시험을 치르러갔다가 과거 제도의 타락을 경험하게 되었다. 구조 자체가 잘못된 세상에서는 과거에 급제해도 의미가 없다는 것을 깨닫고 다른 길을 찾게 되었다. 분명한 세계관이 있어야 한 길의 끝에 가게 되고 문제점을 깨닫게 되고 바꿀 수도 있게 된다. 관점이 분명하지 않으면 주자(朱子)가 말했던 "자신을 이끌어가는(主宰) 마음"이 생길 수 없다. 수많은 인생길 사이에서 선택을 못 하고 우왕좌왕하게 된다. 믿고 전진할 관점이 분명해야 한다. 분명한 관점에서 분명한 목표도 나온다.

그렇다고 억지 세계관을 만드는 것은 소용이 없다. 책상에서 공부할 때는 참다운 세계관을 배우는 것이 큰 의미가 있다. 그러나 실제 여행할 때 책에 있는 세계관을 들고 다니는 것은 소용이 없다. 여행할 때는 책이 아니라 가슴에 있는 세계관을 들고 다녀야 한다. 내가 정말로 믿고 판단하고 행동하고 있는 인생관으로서의 세계관이어야 한다. 책상에서 공부할 때 좋은 세계관을 배우고 그렇게 변했다면 행복한 일이지만 그렇지 못했다면 부모나 아이나 정직할 필요가 있다. 가슴에 와닿지도 않는 공자왈 맹자왈 세계관을 들고 가봐야 위선자의 구렁텅이에 고꾸라질 뿐이다. 세상에 출사표를 던진 열두 살 김구에게 찾아가서 과거급제는 중요한 것이 아니라고 설교해봐야 소용이 없다. 열일곱 살에 그 허망함을 알고 세계관이 바뀔 때까지 시간이 필요한 일이다.

세상으로 떠날 때가 되면 진짜 가슴속 세계관과 정직하게 대면해야 한다. 아직 받아들이지 못한 참다운 세계관을 배낭에 넣고 가는 것은 좋다. 수시로 꺼내서 세상이 정말 그런지 살피는 것은 여전히 중요한 일이다. 하지만 솔직한 세계관으로 부딪히며 전진하는 것이 먼저다. 어차피 그렇게 될 수밖에 없다. 우리가 겉으로 아무리 멋진 말을 늘어놓아도 결국 속에 있는 대로 살기 때문이다. 차이가 있다면, 자신의 세계관을 정직하게 대면하거나, 뭔지도 모르고 대충 살아가는 것뿐이다. 많은 청소년과 청년들이 꿈과 목표를 찾지 못하는 것도 어찌보면 단순한 이유다. 가슴에 있는 솔직한 세계관이 아니라, 어른들이 가르치는 좋다는 세계관에서 꿈과 목표를 끄집어내려고 하기 때문이다. 가슴이 아닌 다른 곳에서 뜨거운 꿈이 나올리 없다.

세계관은 롤모델의 영향을 받는다. 부모는 교육 과정에서 아이에게 어떤 인재상이 제시되고 있는지 깊이 생각해야 한다. 그런 면에서 또한 자신의 세계관이 아이에게 큰 영향을 미친다는 것을 항상 잊지 말아야 한다. 부모가 "말하는" 세계관이 아니라 부모가 "살아가는" 세계관이 직접적인 영향을 준다. 아이가 홀로 헤쳐갈 미래를 정말로 걱정한다면 부모는 자신이 아이에게 보여주고 있는, 삶으로서의 세계관이 어떤 모습인지 진지하게 고민해야 한다. 아이들은 결국 부모처럼 생각하고 선택하며 살아갈 가능성이 높다.

별다른 일이 없고 평화로울 때 우리는 세계관의 존재나 필요성을 잘 느끼지 못한다. 없어도 그만인 것처럼 보인다. 그러나 충돌의 때가 오면 분명한 관점이 얼마나 중요한지 알게 된다. 지혜로운 사람은 미리 준비하고 여행을 떠난다.

2. 궤도 수정 능력: 배움의 기술

두 번째 필요한 것은 궤도 수정 능력이다. 여행을 하다가 막다른 골목에 왔을 때 문제를 해결하는 기술이다. 지도를 따라왔는데 막다른 골목이라면 가능성은 두 가지다. 지도는 맞는데 내가 잘못왔거나 지도에 오류가 있는 것이다. 결정이 필요한 순간이다. 지도를 다시 보고, 걷고 있던 궤도를 수정하거나, 실제에 맞도록 지도에 있는 궤도 자체를 수정해야 한다.

인생 여행자들이 알아야 할 중요한 사실은 세계지도가 틀릴 수 있다는 것이다. 막상 여행지에 가보니 믿었던 지도가 엉뚱하게 안내할 수 있는 것이다. 믿었던 세계관이 현실을 제대로 설명하지 못하거나, 방향을 짚어주지 못하거나, 앞뒤가 안 맞는 이야기를 하는 상황을 만나는 것이다. 기존 세계관이 맞다는 것을 확인하고 기뻐할 수도 있으나 위기를 경험하게 될 수도 있다. 우리는 완벽한 세계관을 가지고 있는 것이 아니다. 이런 상황은 필연적으로 찾아온다. 이때를 위해 세계관을 조정할 수 있는 기술이 필요하다. 세계지도 자체를 수정하는 것이다. 기존 세계관을 완전히 바꿔야 하는 경우도 있고, 기존 세계관을 유지한 채 보완을 하는 경우도 있다.

철학자 존 스튜어트 밀도 그런 순간을 만났다. 그는 어려서 아버지에게 특별한 인문교육을 받았다. 공교육 학교를 다니지 않고 아버지가 설계한 교육 과정에 따라 고전을 읽으며 철저하게 교육받았다. 친구도 없이 외롭게 받는 교육이었다. 뒤틀리기 쉬운 교육이었다. 학습량이 많고 일정이 빡빡했다. 문제점이 적지 않았다. 그러나 아버지는 비교적 지혜롭게 이끌었고 밀 역시 잘 따랐다. 나름대로 좋은 열매를 맺을 수 있었다. 하지만 사회생활을 시작하고 스무 살이 되었을 때 밀은 정신적인 위기를 겪게 되었다.

밀은 열다섯 살에 인생 목표를 정했다. 세상을 바꾸는 개혁자가 되기로 했다. 이 목표가 곧 행복의 목표이기도 했다. 몇 년 간 잘 진행되는 것처럼 보였는데 스무 살이 되던 1826년 가을 갑작스럽게 무기력한 상태에 빠졌다. 인생 목표가 완전히 실현된다고 해도 기쁘고 행복하지 않다는 것을 알게 된 것이다. 돌처럼 마음이 굳은 자신을 발견했다. 계절은 가을이 지나 겨울이 되고 우울함은 더욱 깊어 갔다.

밀이 받은 인문교육의 힘은 위기에서 발휘되었다. 사람들은 흔히 밀의 지적 성취만 보고 영재 교육이니 하는 찬사를 보낸다. 그러나 인문교육의 힘은 몇 살 때 라틴어를 떼었다는 따위가 아니다. 스스로 배우고 수정하고 발전하는 능력이다. 자유의 기술을 얻는 것이다. 문제 해결 능력이고 자기 학습 능력이라고 할 수 있다.

밀은 극도로 우울하고 절망적인 상황이었지만 막다른 골목에 주저앉지 않고 문제를 풀어갔다. 상황을 파악하고 실험하고 도전했다. 정신적 지주인 아버지가 있었지만 자신이 해결해야 하는 문제임을 잘 알고 있었다.

밀은 자신이 배운 교육 방식의 허점을 발견했다. 탁월한 방식이었지만 너무 분석에 치우치는 바람에 감정을 소홀히 하는 문제가 있었다. 논리적으로 배가 잘 설계되어도 돛이 없고 바람이 없으면 배가 움직일 수 없다. 인간도 다르지 않다. 감정과 열정의 바람이 필요하다. 밀의 아버지는 그 점을 놓쳤다. 밀은 자신이 받은 교육을 소중히 여기면서 보완책을 찾았다. 일상의 기쁨과 예술적 교양의 날개를 덧붙였다. 좀 더 균형잡힌 여행을 할 수 있었다. 지혜로운 궤도 수정이었다.

인생 여행에 들어서면 크고 작은 충돌이 있다. 늘 있는 일이다. 중요한 것은 문제에 대한 완벽한 사전 지식이 아니다. 불가능한 일이다. 그렇다고 마마보이 파파보이가 되어서 대신 판단해달라고 시시콜콜 전화를 일삼는 것도 아니다. 궤도 수정 능력이 중요하다. 암기 공부, 요령 공부만 했던 사람은 답안지에 없는 길은 찾을 수가 없다. 지난 공부가 인생의 파도를 헤쳐가는 데 별 도움이 되지 못한다. 컴퓨터까지도 머신러닝(machine learning)이라는 이름으로 스스로 공부하고 문제를 해결하는 법에 도전하는 시대다. 인생에 정말 필요한 공부는 백과사전 암기가 아니라 배우는 방법을 배우는 것이다. 문제를 해결하는 기술이다. 인문교육은 배움의 기술을 훈련한다. 인생 여행을 위한 멋진 준비를 하는 것이다.

3. 조언자: 여행 선배

세 번째 준비는 조언자다. 여행하다 지치고 아무리 고민해도 답을 찾을 수 없을 때 만날 수 있는 선배다. 조언자는 답을 대신 찾아주는 선지자가 아니다. 인생에 '대신'이란 없다. 조언자는 이야기를 들어주는 사람이다. 푸념이든 상처든 들어줄 수 있다. 자신도 그런 일을 겪었고 또한 지금도 겪고 있기 때문이다. 지친 후배와 똑같은 뜻을 품고 있고 조금 앞서 여행을 나왔기에 누구보다 그 마음을 잘 안다.

아이가 믿는 가치를 응원하는 사람, 지쳐서 돌아와도, 잘했다고, 수고했다고, 다 의미가 있다고 말해주는 사람이 있다면 인생 여행은 얼마나 든든한가? 얼굴은 상처투성이고 눈물이 그렁그렁 맺혀 있어도 아무 말없이 밥상을 차려주며 등을 두드려줄 사람을 떠올릴 수 있다면 혼자 있어도 혼자가 아니다. 그리고 그에게 먼저 겪은 사람의 지혜와 넉넉함이 있음을 떠올리며 늦은 밤에도 주저없이 발걸음을 옮길 수 있다면 광야를 걸어도 오아시스를 품고 걷는 것이다.

좋은 선배를 만나기는 쉽지 않다. 아이들에게 누구를 강제로 붙여줄 수도 없다. 방법은 있다. 부모가 좋은 선배가 되는 것이다. 부모로서 우리는 그런 넉넉한 선배가 되고 있는가? 리더로서 우리는 어떤 모습인가? 다들 돌아볼 필요가 있다. 인생 여행을 떠나는 아이에게 줄 수 있는 최고의 선물은 돈이나 지식이 아니다. 아이를 향해 언제나 열려있는 대문과 따뜻한 밥상이다. 그리고 넉넉하게 웃어주는 선배의 얼굴이다.

4. 동행자: 함께 걷는 친구들

마지막 준비는 우리가 잘 알고 있는 것이다. 여행에는 동행자가 필요하다. 진리의 길을 함께 걷는 친구가 있어야 한다. 부모나 형제도 친구가 될 수 있지만, 인생 모험을 떠나는 아이에겐 옆에서 걸을 친구도 필요하다. 기쁨과 눈물과 인내의 순간에 함께 있을 그 사람 말이다.

공자는 『논어』의 문을 여는 유명한 구절에서 친구를 인생의 열쇠로 제시한다. "배우고 익히는 공부의 기쁨"(學而時習之 不亦說乎)이 첫째요, "세상 평판에 휘둘리지 않는 사람됨"(人不知而不慍 不亦君子乎)이 완성이다. 중간에 무엇이 있는가? 무엇이 공부와 완성을 연결하는가? "멀리서 찾아오는 친구, 서로를 알아주는 친구를 만나는 즐거움"(有朋自遠方來 不亦樂乎)이 열쇠다. 비록 멀리 있고 오랜만에 보지만, 진리의 길을 함께 걷는 친구는 어제 만난듯 즐겁고 반갑다. 친구가 있어 우리의 공부는 인간이 되는 공부로 자라간다. 공자에게 배운 증자(曾子)도 비슷한 이야기를 했다.

"군자는 글로써 친구를 만나고 친구를 통해 사람다워진다."

진리를 찾는 공부로 친구를 만나고, 그 친구와 함께 참다운 인간이 되어간다. 친구가 없으면 공부는 완성되지 못한다. 친구는 같은 세계지도를 들고 있다. 함께 걷는다. 허물없이 걷는다. 인생관이 통하고 서로의 기쁨과 고뇌를 아는 친구가 있는 것은 얼마나 복된 일인가? 성질 급한 나를 붙들고 차분히 생각해주는 친구, 예민한 나를 다독이며 사람 좋은 웃음을 보내주는 친구가 있다면 여행의 절반은 성공한 것이다. 서로 믿고 격려하는 친구가 있다면 절망으로 끝나는 낙심은 없다.

우리 아이가 멋진 친구를 만날 수 있기를, 먼저 멋진 친구가 되어 누군가를 기다리고 있기를, 부모와 스승들은 얼마나 간절히 바라는가? 하지만 어른도 갖기 쉽지 않은 이런 친구를 젊은 영혼이 어떻게 만날 수 있을까? 가족과 가족의 연대가 하나의 대답이 될 수 있다. 부모에게도 아이에게도 "서로를 알아주는 친구"를 만날 수 있는 길이 연대 속에 들어 있다.

우리는 다시 1899년 2월 두만강을 건넜던 가족들을 만나게 된다.

그들은
함께 바다를
건넜다

명동마을은 꿈꾸는 마을이었다. 어둠에 잠긴 동쪽 나라 우리 조국을 밝히는(明東) 꿈이었다. 가족들이 모인 마을에 아들 딸들이 태어났다. 나라를 밝힐 인재를 그리던 어른들에게는 모든 갓난 울음이 더욱 큰 기쁨이요 축복이었다.

특별한 마을의 특별한 선물

1917년 12월 30일 명동마을 지도자 윤하현의 집안에 경사가 났다. 기다리던 손자가 태어났다. 이름은 윤동주였다. 윤동주가 태어났을 때 집에는 3개월된 아기가 하나 더 있었다. 윤하현의 딸 윤신영이 낳은 아들이었다. 윤동주의 고모였다. 고모부는 명동학교 교사

송창희였다. 9월 28일 태어난 아이의 이름은 송몽규. 동주와 몽규. 같은 집에서 같은 해에 태어난 두 아이는 평생의 친구가 되었다.

송창희는 조선어 담당교사였다. 동주와 몽규는 각각 고모부와 아버지인 교사에게 우리말을 배운 것이다. 송창희는 일부러 일본어를 배우지 않을 정도로 우리말 사랑이 투철한 사람이었다. 동주의 아버지 윤영석도 명동학교 교사였다. 주위 사람들이 시적 기질이 있었다고 기억할 정도로 탁월한 언어 감각을 지닌 사람이었다.[28] 동주와 몽규는 그렇게 아버지와 마을 어른들이 교사로 있는 특별한 학교에 다녔다.[29] 마을과 가정에서 학교까지, 우리민족과 우리말을 아끼고 사랑하는 분위기 속에서 자랐다. 문학을 사랑하게 된 것은 자연스러운 일이었다.

식탁에 있던 부모를 교실에서 다시 만나는 것은 그들에게 삶과 공부가 하나라는 것을 분명하게 가르쳐주었다. 우리가 지금 여기서 다르게 공부하는 것은 다르게 살기 위해서라는 침묵의 외침이었다. 모든 것은 조국의 독립을 위한 발걸음이었다. 어린시절 두 사람과 함께 자란 시인 김정우는 윤동주를 알려면 명동마을을 알아야 한다면서 이렇게 말했다.

---

28 •   송우혜, 『윤동주 평전』, 서정시학, 30쪽.

29 •   정확히 말하면, 윤동주가 명동학교에 입학했을 때 아버지 윤영석은 유학 때문에 교사를 그만둔 상태였고, 당숙인 윤영춘이 나중에 교사가 되었다. 윤일주, 〈윤동주의 생애〉, 『나라사랑』 23집, 외솔회. 152-153쪽.

"명동학교와 교회는 후손들에게 어떻게 사는 것이 애국애족하는가를 가르쳐 주었고, 또 우리 부모 형님네들이 그렇게 사는 것을 몸소 보여주었기 때문이다."[30]

공부와 삶이 일치된 공간이었다. 가정과 학교와 가치 공동체(교회)가 하나였다. 각 가정별로는 그 뜻을 따라 돈벌이의 이유(일터)도 하나였다. 이러한 삶과 생각의 일관성은 두 사람에게 둘도 없는 귀한 선물을 주었다. 순수하고 한결같은 마음이었다. 공자가 말한 "항심(恒心)"이었다. 이 마음이 평생 그들을 이끌었다. 순수한 글을 쓰게 하고, 순수한 눈으로 보게 하고, 순수한 선택을 하게 했다.

친구와 함께 걷는 길

두 사람은 성격이 전혀 달랐지만 둘도 없는 문학과 인생의 동지였다.

"동주는 얌전하고 말이 적고 행동이 적은 데 반해 몽규는 말이 거칠고 떠벌이고 행동 반경이 큰 사람이었다. 그러면서 시를 같이 공부하고 창작도 같이 하였다. 그러한 성격은 시에서도 역시 나타나서 좋은 대조를 이루었다. 그러나 그러한 성격

---

30 •   김정우, 〈윤동주의 소년 시절〉, 『나라사랑』 23집, 외솔회, 117쪽.

차이가 한번도 어떤 불화나 틈을 벌이게 한 것을 필자는 일찍
이 듣지도 보지도 못했다."[31]

둘이 자란 명동마을은 거대한 진리의 실험실이었다. 마을이 그랬
고 가족이 그랬다. 배우고 자라는 아이들에게 진리의 실험을 하도록
독려했다. 동주와 몽규는 "함께" 많은 실험을 했다. 열두 살이던 명
동학교 5학년 때는 둘이 주도하여 《새명동》이라는 잡지를 등사판으
로 만들기도 했다. 연희전문 4학년 때는 일제의 압박 속에서 친구들
과 《문우(文友)》라는 교내 잡지를 발간했다. 몽규는 실무를 책임졌
고 동주는 자신의 시를 실었다. 몽규도 시 한 편을 썼다.

둘은 각자 개성에 따라 "각자의" 실험도 했다. 행동파이던 몽규는
1935년 열아홉 살에 《동아일보》 신춘문예에 당선되어 주위를 놀라
게 했다. 그런데 몇 달 지나지 않아서 모든 것을 버리고 임시정부 군
관학교에 가서 훈련을 받다가 체포되었다. 그는 필요하다고 생각하
면 과감하게 변화를 받아들이고 도전하는 사람이었다. 반면 외유내
강(外柔內剛)적인 윤동주는 자기 자리를 지켜며 묵묵하게 문학에 매
진했다.

"문학에 지닌 뜻과 포부를 밖으로 내비치지 않으면서 안으
로 차근차근 붓을 드는 버릇이 있었다. 그래서 말에서는 따르

---

31 •   유영, 〈연희전문 시절의 윤동주〉, 『나라사랑』 23집, 외솔회, 123쪽.

지 못하지만 쓰는 글에서는 몽규보다 훨씬 양적으로도 많이 나오는 것이다."[32]

두 사람은 따로 또 같이 길을 걷는 동행이었다. 몽규는 동주의 시를 살아 있게 하는 존재였다. 뛰어난 문학 재능을 지녔으면서도 행동을 주저하지 않는 몽규의 모습은 동주에게 좋은 자극을 주며 안주하지 않게 만들었다. 동주는 몽규에게 고향 같은 존재였다. 자기 자리를 지키며 친구들과 유쾌하게 웃고 있는 동주가 있었기에 몽규는 치우치지 않고 중심을 잡을 수 있었다. 동주는 몽규가 순수를 잃지 않도록 자극했다. 그의 시가 그렇듯이 동주는 큰 소리를 내지 않으나 만난 이로 하여금 다시 생각하게 만드는 힘이 있었다. 두 사람 곁에는 자연스럽게 또 다른 친구들이 모여 들었다. 연대는 또 다른 연대를 불렀다.

"우리들은 틈만 있으면 거기 모여 앉아서 잡담과 논쟁으로 낭만의 꽃을 피웠다. 이런 때에 동주, 몽규, 엄, 김 등의 의견이 많이 나왔고 또 남 모르게 서로 울분을 터뜨리며 시간을 보냈다. 동주는 말이 없다가도 이따금 한 마디씩 하면 뜻밖의 소리로 좌중을 놀라게 했다."[33]

---

32 • 앞의 책, 124쪽.
33 • 앞의 책, 124쪽. 여기서 "엄", "김"은 각각 엄달호, 김삼불을 말한다.

서로 격려하며 끝까지 함께

1942년 3월 그들은 함께 바다를 건넜다. 윤동주와 송몽규. 그동안 엇갈리는 시간을 보내기도 했던 두 사람은 일본 쿄토 유학길에 다시 하나가 되었다. 뜻도 시간도 공간도 방법도 이제 하나였다. 둘은 틈이 날때마다 머리를 맞대고 민족의 독립과 문학에 대해서 이야기를 나누었다. 명동학교 시절 그대로였다. 차츰 더 많은 친구가 함께 모여 꿈을 꾸게 되었다. 다행히 두 사람이 밤이 맞도록 나눈 이야기는 오늘까지 기록으로 전해진다.

> "제 나라 말도 글도 쓸 수 없게 되어 조선 민족은 바야흐로
> 멸망하기에 이르렀다. 우리는 조선인이라는 의식을 잊지 말고
> 조선 고유의 문화를 연구하고 조선 문화의 유지, 향상을 도모
> 하는 것이 민족적 문화인의 사명이다… 문화적으로 깨이고 민
> 족 의식을 자각하기에 이르면 조선의 독립은 가능한 것이다…
> 문학 작품 특히 대중 문학에 의존하는 것이 가장 감화력이 크
> 고 또한 아무런 제한이 없이 영향력도 크기 때문에 이 방향으
> 로 노력해야 한다… 조선 독립의 선결 문제는 민족 문화 수준
> 의 향상에 있고 그 책임은 우리들에게 있다."[34]

---

34 • 〈순절의 시인 윤동주에 대한 일본 특별 고등 경찰 엄비 기록〉, 『윤동주 연구』, 정병옥 옮김, 문학동네, 560쪽.

무엇을 왜 공부해야 하는지 두 사람은 분명하게 알고 있었다. 동주는 자신이 왜 시를 써야 하는지 알고 있었다. 일본제국주의의 어둠과 순수 학문의 희미한 빛이 공존하는 이곳에 왜 있어야 하는지 그들은 밤새워 이야기했다. 가슴 치고 통탄할 일이 있다면 이 대화가 두 사람에 의해서 전해진 것이 아니라 두 사람을 감시하고 체포한 일본 특고경찰(사상범죄 담당 경찰)이 엿듣고 취조해서 기록해 두었다는 사실이다. 민족의 독립을 위해 열심히 공부하고 실천하자는 말이 침략과 전쟁에 미친 사람들에게는 용서할 수 없는 범죄였던 것이다.[35]

동주에 대한 유죄 판결문에 보면 이런 구절도 나온다. 1943년 6월 하순 교토에 있는 동주의 하숙집에서 둘은 이런 대화를 나누었다.

"독립 달성을 위하여 궐기해야 한다는 뜻을 서로 격려하는 등, 상호 독립 의지의 격발(激發)에 힘쓰고"[36]

두 사람은 민족 독립의 뜻을 잊지 말자고 "서로 격려했다". 조선의

---

35 • 일본 특고경찰 기록에 따르면 윤동주와 송몽규의 대화 대부분은 민족 문화와 관련된 논의와 결단이었다. 다만, 일본군에 징집되어서 군사 기술을 배운 조선 군인들이 큰 구실을 해야 한다는 내용이 들어있다. 일제 입장에서는 이것이 큰 문제로 보였을 수 있다. 그런데 생각해보면 이것 역시 '공부'다. 어차피 끌려갈 수밖에 없다면 언제 어디서든 민족을 위해 뭔가를 배우며 때를 기다린다는 생각이다. 교실에 있든, 전쟁터에 있든, 모든 것이 공부요, 모든 것이 독립을 위한 일이라는 것은 지극히 명동마을 출신다운 생각이다.

36 • 〈윤동주에 내려진 판결문 전문〉, 『윤동주연구』, 윤일주 옮김, 문학동네, 548쪽.

지식인들이 침묵하거나 변절의 길을 걷고 있을 때 이름 없는 두 젊은이가 일본 한복판에서 서로 격려하며 문학과 독립의 길을 가고 있었던 것이다.

진리의 실험이 거짓의 무리에게는 죄가 되는 법이다. 민초들의 연합이 두려운 권력자들에게는 둘의 만남 자체가 이미 혁명의 연대요 폭발의 서막이었다. 그냥 둘 수 없었다. 그들은 두 사람을 감옥에 가두고 없애면 모든 게 끝날 것이라고 생각했다. 혁명도 폭발도 없을 것이라고 믿었다. 그러나 간사한 꾀는 거대한 폭풍이 되어 돌아왔다.

별이 되어 빛나다

1943년 스물일곱 살 윤동주와 송몽규가 체포되었다. 두 사람은 유죄 판결을 받고 1944년 후쿠오카 형무소에 수감되었다. 원래대로면 2년 후에 출소할 수 있었다. 하지만 일제는 끝내 젊은 영혼들의 자유를 허락하지 않았다. 비인간적인 대우와 생체실험(이 거의 확실한) 주사로 날개를 꺾어버렸다. 두 사람은 1945년 봄에 광복을 보지 못하고 세상을 떠났다. 원통한 일이었다.

그러나 어리석은 광기 집단은 생체실험만 알았지 진리실험이 무엇인지 알지 못했다. 더러운 욕망으로 죽음을 실험하는 자들이 불변의 진리를 위해 헌신하고 연대하는 실험을 어떻게 알겠는가? 진리의 동행자들이 모이면 무슨 일이 생길지 짐작조차 못했다. 간악한 일제 형사는 동주를 취조할 때 그에게 자기 시를 번역하라고 시켰다. 시인의 영혼과 눈물이 빚어낸 시어(詩語)를, 그 시인에게 강제로 번역시켜서 시인을 죽이는 칼로 만든 것이다. 나는 세계사에 이런 일이 있었는지 알지 못한다. 내가 아는 것이라곤 인도 시인 타고르가 자기 시를 영어로 번역해서 영미인들의 가슴을 흔들고 노벨문학상을 받게 되었다는 것뿐이다. 시인의 시로 시인을 죽인 일제는 그 시까지 없애버렸다. 그리고 그것으로 끝났다고 생각했다.

진리는 죽여도 죽지 않는다. 동주보다 3개월 세상에 먼저 태어났던 몽규는 세상을 떠날 때 동주보다 19일을 더 버텼다. 동주의 유해를 찾으러 그의 아버지와 함께 갔던 당숙 윤영춘이 몽규를 만났다.

"몽규가 반쯤 깨어진 안경을 눈에 걸친 채 내게로 달려온다. 피골이 상접이라 처음에는 얼른 알아 보지 못하였다… 입으로 무어라고 중얼거리나 잘 들리지 않아서 '왜 그 모양이냐'고 물었더니, '저 놈들이 주사를 맞으라고 해서 맞았더니 이 모양이 되었고 동주도 이 모양으로…' 하고 말소리는 흐려졌다… 또다시 내 손목을 붙잡는 몽규의 손길은 뜨거웠다."[37]

몽규는 며칠 후 세상을 떠났다. 그는 자신들이 왜 죽는지 알려주려고 죽음을 밀어내며 버텼다. 자신들의 죽음이 사고가 아니라 계획된 살인임을 알리고 떠났다. 죽어도 죽을 수 없는 시인의 영혼이 여

---

37 • 윤영춘, 〈명동촌에서 후쿠오카까지〉, 《나라사랑》 23집, 외솔회, 114쪽.

기 있노라 외치고 떠났다.

1945년 2월 한 줌의 재가 된 동주의 유해를 들고 가족들은 두만강 다리를 걸어서 건넜다. 정확히 46년 전 2월 그 추운 날에 141명의 가족들이 건넌 두만강이었다. 명동마을의 꿈은 어떻게 된 것인가? 잠깐의 행복을 누리고 약간의 열매를 거두고 이렇게 끝나는 것인가? 혼란스러운 상황이 많았지만 명동마을 가족들은 무너지지 않았다. 동주는 누가 뭐래도 시인이었다. 시집 한 권 내지 못했지만, 세상 누구도, 친구들 몇몇을 빼고는, 잔혹한 번역을 시켰던 일제 경찰 몇몇을 빼고는, 그가 시인인 것을 알지 못했지만, 명동마을 사람들은 알고 있었다. 우리들의 아들은 시인이었다. 장례식에서는 《문우》에 발표되었던 〈자화상〉과 〈새로운 길〉이 낭독되었다. 가족들은 "시인윤동주지묘(詩人尹東柱之墓)"라고 크게 묘비를 세웠다. 예언과도 같은 시인 선언이었다. 할아버지와 아버지는 묘비를 만지고 또 만지며 시인이 되어 돌아온 손자와 아들을 쓰다듬어주었다. 얼마 후 만들어진 송몽규의 묘에는 "청년문사송몽규지묘(青年文士宋夢奎之墓)"라는 묘비가 섰다.

동주를 기억하는 친구들도 움직이기 시작했다. 민족을 사랑하고 우리말을 사랑하는 동행자들이었다. 전국 각지에서 모여들어 진리를 실험하고 연대했던 친구들이 다시 깨어나 시인 윤동주를 빚어내기 시작했다. 목숨 걸고 그의 원고를 보관한 친구들이 있었고, 그의 시를 알리기 위해서 노력하는 친구들도 있었다. 마침내 1948년 1월 『하늘과 바람과 별과 시』라는 제목으로 시집이 발간되었다. 친구와

일제는 동주를 죽이고 그의 시를 없애면 다 끝
이라고 생각했다. 승리라고 믿었다. 동주를 죄수
번호 하나 정도로 가볍게 여기고 시체를 치웠을
것이 틀림없다. 그러나 그들은 같은 길을 가는
친구와 연대의 힘을 몰랐다. 동주가 죽으면 몽규
가 시인의 죽음을 증언할 것이고, 그의 시를 없
애면 친구와 가족들이 시를 모아 올 것이며, 가
족들이 시인의 비석을 세워 시인됨을 미리 선포
할 것을 알지 못했다.

가족들의 가슴 속에 살던 시인 윤동주가 모두의 시인으로 태어났다. 명동마을 가족들의 꿈대로 동쪽 나라 우리 조국을 밝히는, 명동(明東)의 시인이 되었다. 하늘을 우러러 한 점 부끄럼 없이 살자고, 우리의 길은 언제나 새로운 길이라고 노래하는 시인이 되었다. 그 어떤 혁명보다 뜨겁게 그 어떤 폭탄보다 강력하게 민족의 가슴에 불을 밝혔다.

한 가족의 연대는 가족과 가족의 연대가 되었다. 그 연대는 둘도 없는 친구의 연대를 만들어 세상에 내보냈다. 이들은 세상에서 또 다른 친구들과 연대했다. 이렇게 퍼져나간 실험과 연대는 결국 온 가슴을 하나로 묶어 민족의 연대가 되었다. 이것은 또한 인간 본연의 마음을 돌아보는 진리의 연대였기에 바다 건너 일본까지 전해졌다. 재가 되어 바다를 건너온 동주는 시가 되어 다시 바다를 건넜다. 그는 일본 사람들에게 부끄러워해야 한다고 말했다. 들을 귀 있는 자는 듣고 울었다.

일제는 동주를 죽이고 그의 시를 없애면 다 끝이라고 생각했다. 승리라고 믿었다. 동주를 죄수 번호 하나 정도로 가볍게 여기고 시체를 치웠을 것이 틀림없다. 그러나 그들은 같은 길을 가는 친구와 연대의 힘을 몰랐다. 동주가 죽으면 몽규가 시인의 죽음을 증언할 것이고, 그의 시를 없애면 친구와 가족들이 시를 모아 올 것이며, 가족들이 시인의 비석을 세워 시인됨을 미리 선포할 것을 알지 못했다. 자신들이 동주를 죽임으로 해서, 그의 시를 작가와 하나되게 만들 것이며, 삶으로 시를 쓰다가 삶이 곧 시가 된 순수한 영혼이 세상에 나타나게 될 것을 알지 못했다. 부끄러움은 동주가 아니라 자신들과 자신들에게 부역했던 자들의 몫이 될 것을 알지 못했다.

그들은 또한 알지 못했다. 동주가 알려지면 몽규가 드러날 것이고 그들이 알려지면 명동마을이 다시 돌아올 것을 알지 못했다. 명동마을이 알려지면 그 마을과 함께 한 수많은 사람과 역사가 다시 연결되어 거대한 숲으로 드러날 것을 전혀 알지 못했다.

실패는 실패가 아니다

성공이란 무엇일까? 흔히 생각하는 대로 이름을 날리는 것이 성공이라면 윤동주는 실패한 인생이었다. 시집이 출간된 후에 유명해졌으니 죽어서 비로소 성공한 것인가? 그렇다면 시집이 출간되지 않고 우리가 〈서시〉를 알 수 없었다면 그의 인생은 실패한 인생이었다는 뜻이다.

알려지지 않았다고 의미없는 삶을 산 것이 아니다. 모든 삶은 의미가 있다. 누군가에게 진리를 향한 사랑과 열정을 전해주고 떠났다면 보석 같은 의미가 있다. 국문학자 정병욱은 이렇게 고백했다.

> "오늘의 나에게 문학을 이해하고 민족을 사랑하고 인생의 참된 뜻을 아는 어떤 면이 있다고 한다면, 그것은 오로지 동주가 심어준 씨앗임을 나는 굳게 믿고 있다."[38]

꺼지지 않는 불꽃 하나를 누군가에게 남겨준 것만으로 인생은 빛나는 가치가 있다. 소크라테스의 말대로, 성찰하지 않는 삶이 가치 없는 삶일 뿐이다. 자신이 성찰할 뿐 아니라 그 성찰을 누군가에게 전해주었다면 그 삶은 빛나는 삶이다.

우리는 성공과 실패를 개인의 울타리에서 끄집어내야 한다. 우리는 성공 스토리를 개인 스토리로 만들기 좋아한다. 실패를 거듭하던 사람이 결국 성공했다는 이야기에 환호한다. 그러면서 자신의 인생과 사업도 살아생전 성공할 거라며 주문을 외운다. 혼자서 살아생전 이룰 수 없을 일에는 당연히 뛰어들지 않는다. 대충 가늠해보고 돌아선다. 골리앗을 이기는 다윗까지는 어떻게 도전하는 경우도 있지만, 바위를 치는 계란은 아예 꿈꾸지 않는다. "내가 해봐야 무슨 소용인가"라는 생각이다. 1940년대 친일의 길에 서 있는 사람들에게는 이런 무력감이 좋은 핑곗거리였다.

바위에게 무참히 깨진 계란은 그 계란 하나로 보면 실패다. 하지만 그 생명을 연대하고 있는 공동체 전체로 보면 성공의 과정이다. 지금까지 역사가 그랬다. 인류의 성공은 수많은 실패의 뿌리 위에 맺어진 열매였다. 오늘날의 병원 수술실이 만들어지기까지 수천 년 인류의 죽음이 있었다. 세균과 감염의 실체를 알기 전까지 수많은 사람이 병원에서 이유도 모른 채 죽어갔다. 의사들이 한 일은 이전의 죽음을 보고 덜 죽는 방법을 나름대로 찾는 것뿐이었다. 수술 전

---

38 • 정병욱, 〈잊지 못할 윤동주의 일들〉, 『나라사랑』 23집, 외솔회, 135쪽.

에 손을 씻어야 한다는 말을 했다고 헝가리 출신 의사 제멜바이스는 따돌림을 받았다. 그가 쓸쓸하게 세상을 떠난 것이 1865년이었다. 150년밖에 되지 않은 일이다. 제멜바이스는 깨진 계란으로 인생을 마감했지만 그의 실패는 실패가 아니었다. 우리는 그 덕분에 안심하고 수술실에 들어가고 있다.

신문기자로 활동하면서 윤동주의 시를 알리고 시집을 출간하는 데 애썼던 강처중은 『하늘과 바람과 별과 시』 시집 뒤에 발문(跋文)을 쓰고 이렇게 끝을 맺는다.

> "그들의 유골은 지금 간도에서 길이 잠들었고 이제 그 친구들의 손을 빌어 동주의 시는 한 책이 되어 길이 세상에 전하여지려 한다. 불러도 대답 없을 동주 몽규였건만 헛되나마 다시 부르고 싶은 동주! 몽규!"

그의 이름을 불러주고, 그의 뜻을 기억하는 사람이 있다면, 세상이 알아주지 않는다 해도 이미 성공한 것이다. 이미 더 큰 연대와 공동체의 일부가 되었기 때문이다. 그의 일시적 좌절은 뿌리가 되고 흘러 올라 꽃이 되고 열매가 될 것이기 때문이다. 공동체는 나무다.

나는 '로고스 고전학교'와 '고전 읽는 가족'이 무슨 대단한 업적이나 성공을 거둘 거라고 기대하며 가는 것이 아니다. 골리앗을 무찌르는 다윗은커녕, 바위 앞에 깨진 계란으로 흘러내리게 될지도 모른다. 우리가 이 길을 가는 것은 성공하는 길이어서가 아니다. 옳은 길이기 때문이다. 우리만 옳고 우리만 진리를 가졌다는 오만이 아니다. 저 하늘의 진리와 우리 안의 양심이 이 바위는 옳지 않다고 말하고 있기 때문이다. 이미 수많은 계란들이 바위를 향해 던져지고 있기에 우리도 연대하여 우리 몫의 선택을 하는 것뿐이다. 깨진 계란들이 바위를 타고 흘러내릴 때 바위는 비웃을지 모른다. 실패는 실패가 아니다. 흘러내린 생명들이 땅에 스며들고 뿌리를 적시면 나무는 무럭무럭 자랄 것이다. 그러면 바위는 더 이상 웃지 못하게 될 것이다. 나무 한 그루만 자라도 바위는 쪼개지거나 제자리를 잃게 될 것이다. 나무와 나무가 연대하여 숲을 이루게 된다면 쪼개진 바위는 그저 거대한 숲 속의 작은 풍경에 지나지 않을 것이다. 그래서 오늘도 우리는 기쁘게 이 길을 걷고 있다.

고전
읽는
가족의 꿈

아침이다. 동쪽 창문으로 마음껏 들어온 햇살이 눈을 뜨라고 재촉한다. 토요일 아침에는 늘 꼴찌로 일어나는데 햇살 덕분에 모처럼 일찍 눈을 떴다. 예전에는 밤을 거의 새우고 가족들이 깨워줘야 부스스 일어날 때가 많았지만 요즘은 어쩌다 일찍 일어날 때도 있다. 독서 자료들이 많이 완성되어서 잠 잘 시간이 조금 늘어난 덕이다.

로고스의 방

조용히 방문을 닫고 거실로 나왔다. 우리 가족이 '스페이스 로고스(Space Logos)'라고 부르는 공간이다. 넓은 창문이 푸른 아침을 그림처럼 보여주고 있다. 무대로 쓰는 오른쪽 벽에는 영상을 보는 스크린이 있고 아래로 키보드 건반이 보인다. 스크린과 창문을 가운데 두고 양쪽 벽을 따라 책장들이 이어진다. 현관 옆에는 거북이, 도마뱀, 물고기들이 모여 사는 미니 동물원이 있다. 개구리, 가재, 햄스터도 있다. 동물들을 대표해서 강아지 '밤비'가 멀뚱멀뚱 나를 쳐다보고 있다.

제일 큰 책장에는 지난 6년간 읽은 고전들이 꽂혀 있다. 〈로고스 통합지식 프로그램〉의 시대 구분에 따라 역사순으로 자리잡고 있다. 어떤 책은 네 권씩이다. 가족이 함께 읽었기 때문이다. 플라톤의 『국가』를 꺼내보았다. 이 책을 처음 함께 읽었을 때 둘째 딸아이는 열네 살이었다. 가족들은 다 이해하는 것 같은데 자기만 모르는 것 같다면서 힘들어했다. 다른 책은 잘 읽었는데 뜻밖에 높은 벽을 만난 것이다. 우리도 다 어렵다고 웃으며 말했지만 별로 수긍하지 않는 눈치였다. 책을 계속 함께 읽어가면서 표정이 조금씩 밝아지기 시작했다. 자신감이 생긴 것이다. 토론에도 적극적이 되었다. 몇 년 후 『국가』를 두 번째 읽었을 때는 이해가 더욱 깊어졌고 소그룹 모임에서 활발하게 토론을 이끌었다.

이어지는 책장에는 우리 시대의 책들이 꽂혀 있다. 고전을 읽는 만큼이나 오늘의 생각과 소통하는 것도 중요하다. 해 아래 새것은 없지만 오늘은 또 오늘의 옷을 입고 있다. 『블루 스웨터』, 『시인을 찾아서』, 『흔적 없이 사라지는 법』 같은 책이 눈에 띈다. 『열린 사회와 그 적들』도 있다. 책장 하나를 사이에 두고 플라톤을 향해 씩씩거리고 있는 칼 포퍼를 그냥 지나치기는 쉽지 않다. 옛사람들의 공과(功過)

를 판단하려면 오늘이 말하는 것도 들어야 한다. 물론 오늘의 책은 다양하다. 만화책도 있다. 『조선왕조실톡』, 『비빔툰』, 『순정만화』, …

다른 책장에는 사전과 참고자료들이 잔뜩 모여 있다. 개인 책장에 가면 가족들의 관심사를 볼 수 있다. 딸아이의 책장에는 헬런 켈러가 쓴 『나의 스승 설리번』이 보인다. 일러스트 책도 있다. 딸아이는 고전 읽은 마음이나 요즘 일상을 일러스트로 그리곤 하는데 늘 따뜻하고 포근한 느낌이어서 좋다. 아들 녀석의 책장에는 철학과 시에 대한 책이 눈에 띈다. 『시 헤는 밤』이라는 시집도 있다. 세상에 몇 부밖에 없는 한정판이다. 고전 읽는 가족 모임 친구 몇몇이 함께 만든 시집이다. 윤동주의 인생과 시를 읽고 느낀 감상을 시로 써서 모은 것이다. 아들 녀석은 전체적인 진행을 하면서 책 편집과 표지 디자인을 맡았다. 실제 책처럼 만드느라 고생은 좀 했지만 모양새가 괜찮아서 만족하는 눈치였다. 밤 하늘을 배경으로 반짝이는 별과 달을 그려놓은 표지가 인상적이다.

가장 위대한 드라마

거실 중앙에는 두 개의 탁자가 놓여 있다. 큰 탁자는 가족이 함께 공부할 때 많이 쓴다. 손님이 오거나 특별한 이벤트가 있으면 식탁이 된다. 작은 원형 탁자는 늘 먹는 식탁이다. 편하게 대화할 때 많이 쓴다. 생각해보면 지난 6년은 식탁 위에서 펼쳐진 이야기였다. 가족학교를 결정하고, 아들 녀석과 어색한 첫 수업을 한 것도 이 식탁이었다. 가족이 함께 웃고 울고 싸우고 화해한, 그간의 모든 드라마를 식탁이 간직하고 있다. 그저 평범한 드라마였다. 유명인사가 나오는 것도 아니고, 대단한 반전이 있는 것도 아니었다. 대충 차려입은 사람들이 부스스한 얼굴로 모여 책을 펼치는 장면의 연속이었다. 현대인들이 가장 싫어하는 세 단어로 묘사할 수 있는 드라마였다.

"반복되는 평범한 일상"

성공 신화도 없고, 자극적인 소재도 없고, 히어로도 나오지 않는다. 그저 "가족이 식탁에서 책 읽는 이야기"일 뿐이다. 어제도 오늘도 내일도.

어느새 6년이 지났다. 나를 올려다 보던 아들 녀석은 내 키를 넘어서 듬직한 청년이 되었고, 어리광부리던 딸아이는 생각 깊은 아가씨가 되었다. 아이들이 이만큼 자라는 동안 우리가 추구했던 것은 한결같이 "식탁"이었다. 넘어질 때마다 다시 일어서면서 그렇게 지키고 싶었던 것은 결국 식탁 위에 펼쳐지는 "일상"이었다. 무슨 성공 신화가 아니었다.

인간은 공부하는 존재다. 가장 좋은 공부법은 배움의 공동체를 만드는 것이다. 인류의 스승들이 알려준 지혜다. 공동체는 식탁이다. 식탁 위에는 우리의 일상이 펼쳐진다. 배움의 공동체, 배움의 식탁, 배움의 일상. 그래서 일상은 가장 흔하면서도 가장 어렵다. 『논어』에서 가장 심오하고 어려운 구절이 어디냐고 물으면 나는 주저없이 첫

구절을 든다. "배우고 익히는 기쁨(學而時習之 不亦說呼)"의 일상을 사는 것이 가장 어렵고 고귀하다. 당장의 성과를 강요하고 분주함을 강요하는 세상 속에서 탁상담화 90분의 기쁨을 누리는 것 자체가 가장 치열한 공부와 투쟁의 산물이다. 이 90분의 일상을 지켜낼 수 없다면, 24시간의 인생도, 100년의 일생도 지켜낼 수 없다고 나는 믿는다.

우리는 평범함을 경멸하는 시대에 살고 있다. 비범하고 특별해야 의미있는 인생이라고 세뇌당한다. 그런데 슬픈 것은 비범하고 특별해지려고 그렇게 애쓰는 사람들이 미래에 꿈꾸는 것을 보면 모두 평범한 것들이다. 자연, 가족, 행복한 미소 그리고 작은 식탁. 그 평범한 일상을 지금 실천할 수는 없는 것일까? 가족의 식탁을 떠나 평생을 떠돌다가 결국 가족의 식탁을 그리워할 거라면, 늘 가족의 식탁과 함께 하면서 세상을 여행할 수는 없는 것일까? 무엇이 그렇게 할 수 없다고 우리를 가로막는 것일까? 일상의 비범함과 진리의 평범함을 우리는 왜 보지 못하는 것일까?

다시 식탁을 만져보았다. 우리 가족의 온갖 이야기가 스쳐갔다. 공부를 하고 진리를 찾은 사람의 증거는 무엇일까? 자신을 어떻게 점검할 수 있을까? 예수가 확실한 증거를 말해주었다.

"너희가 서로 사랑하면 이로써 모든 사람이 너희가 내 제자 인줄 알리라."[39]

진리를 찾은 사람의 열매? 공부를 제대로 했다는 증거? 인문학에 심취한 결과? 고전 독서의 진정한 기대효과? 다 똑같다. 박사학위도 아니고 유창한 외국어도 아니다. 유명인사가 되는 것도 아니고 부자가 되는 것도 아니다. 말재주도 아니고 인기도 아니다. 서로 사랑하는 삶이다. 이것이 증거이고 열매다. 지극히 평범한 일상이다.

"여보 사랑해!", "애야 사랑한다.", "제가 더 사랑해요", …

"내가 잘못했다.", "제가 잘못했어요.", "용서해다오.", …

모두 식탁에서 벌어질 일들이다. 강단과 학원과 입시가 할 수 없는 일들이다. 오직 식탁만이 쓸 수 있는 가장 위대한 드라마다.

또 다른 하루의 시작

아내와 아이들이 일어나는 소리가 들린다. 깜빡할 뻔했다. 토요일 아침이다. 서둘러야겠다. 매주 토요일은 고전 읽는 가족들이 만나는 날이다. 탁상담화 90분의 기쁨을 나누는 사람들이다. 배움의 공동체는 거창한 것이 아니다. 돈이 없고 건물이 없고 교사가 없어도 문을 열 수 있다. 그렇다고 아무나 할 수 있는 것은 아니다. 세계적인 석학들이 모여도 할 수 없다. 오직 식탁에 둘러앉은 사람들만이 할 수 있다. 진심으로 이렇게 말하는 사람들만이 할 수 있다. 평범한 우리 가족이 한 구절씩 배우며 여기까지 왔듯이 말이다.

39 • 성경전서 『개역한글판』, 대한성서공회, 요한복음 13:35

6. 사랑과 선행을 격려하며

가족이 함께 강을 건너
인류의 고전을 읽으며
식탁에 둘러앉아
진리와 자유를 실험하고
사랑과 선행을 격려한다.

여러분의 식탁에도 탁상담화가 펼쳐지길 바란다. 간절히 바란다. 우리의 변함없는 꿈이다. 아내와 아이들이 나를 부른다. 우리는 지금 고전 읽는 가족을 만나러 간다. 언젠가 여러분도 같은 길에서 만나길 소망하면서.

로고스 고전학교 2
고전 읽는 가족

1판 1쇄 펴냄 2017년 10월 20일
1판 2쇄 펴냄 2018년 8월 1일

지은이 전병국

주간 김현숙 | **편집** 변효현, 김주희
디자인 이현정, 전미혜
영업 백국현, 정강석 | **관리** 김옥연

펴낸곳 궁리출판 | **펴낸이** 이갑수

등록 1999년 3월 29일 제300-2004-162호
주소 10881 경기도 파주시 회동길 325-12
전화 031-955-9818 | **팩스** 031-955-9848
홈페이지 www.kungree.com | **전자우편** kungree@kungree.com
페이스북 /kungreepress | **트위터** @kungreepress

ⓒ 전병국, 2017.

ISBN 978-89-5820-488-6 03300

값 15,000원